給中學生的時間管理術

文—謝其濬　漫畫—YINYIN
協力指導—iVicon 隱陸達通國際教育事業
時間管理大師史蒂芬・科維 7-HABITS 授權教授單位

給中學生的時間管理術

目錄

企劃緣起

從十三歲開始，培養面向未來的關鍵能力！

文／親子天下董事長兼執行長　何琦瑜

寫給讀這本書的少年們：

打開這本書的你，可能每天被考不完的試、寫不完的功課，或總是背了又忘、忘了又要背的課本，霸占了多數的青春時光。也或許你看穿一切，根本已經放棄；或是你正在學校裡打混，想辦法在老師和父母所給的壓力夾縫中求生存。不論如何，偶爾在你發呆、打手遊、看Youtube的餘暇中，或是埋首功課煩悶的夜晚，一定曾經想過：這一切，所為何來啊？白話翻譯就是，我現在花這麼多時間做的事情、學的這些東西，到底以後，是可以幹嘛的呢？

如果你腦海裡曾經閃過這個「大哉問」，恭喜你，這代表你開始對自己的未來有所想像和期許！如果你試圖主動思考、想要安排規劃「你的人生」

（而不是你爸爸媽媽交代而勉強去做的喔），那麼這個系列「從十三歲開始」，就是為你準備的。

學校沒有教，卻更重要的事

你對自己的未來有什麼夢想和期許？想當畫家或歌手？銀行家或老師？或是你根本沒想那麼遠，只想變瘦一點讓自己更有自信，或是想要多交朋友讓自己更快樂；也許你希望英文變好一點可以環遊世界，或是可以更有效率的通過考試念到好高中或大學……，不論那個「未來」是遠是近，是什麼樣的圖像，只要你想要「改變」什麼，「完成」什麼，你就已經開始學習，為自己的人生掌舵。就像開飛機或開車，你得要先經過駕訓班，裝備一些開車開飛機的基本概念、操作技術和能力認證，才能上路；「掌舵」你自己的未來，也需要裝備一些「關鍵能力」，能夠幫你更快實現夢想、達成目標、真正負起責任，並取得別人的授權與信任。

這些必須裝備的「關鍵能力」包含：

- 認識自己的長處和優勢、懂得為自己設定方向的目標力
- 計畫、改善、行動的執行力
- 獨立思考、解讀判斷的思辨力
- 用文字和口語，論情說理、表述清晰的溝通力
- 與他人相處、合作、交往的人際力

【十三歲就開始】是陸續往這些關鍵能力發展成書的系列。書裡面沒有「老人的教訓」，而是幫助你上路的「使用說明」。因為我相信，開始讀這本書的你，一定是個極有主見，而且時時想要讓自己更好的讀者。你聽的嘮叨夠多了，我們不必多加贅言。所以，我們替你綜整各方各派有用的方法和工具，深入了解這個年紀開始碰到的「痛點」，提供具體的「行動方案」。書裡各式各樣發生在生活裡的難題和故事，也幫助你提前想一想：如果換做我是主角，面對同樣的兩難，我會怎麼做？

這個系列中各書的主題，都是你馬上用得到，生活裡就能馬上練習的能

力。有時間和心力的話，你可以照表操課，不斷演練改進。若沒有餘裕，也可以讀一讀書，找到一、兩個適用的工具或提醒，謹記在心，潛移默化的向目標前進。

有些大人認為，少年人都沒有韌性和毅力。我不相信這個說法，相信你也不會服氣。【十三歲就開始】這個系列，就是希望能陪伴有志氣的你，務實做好面對世界、面對未來的準備。讓你有信心的說：「相信我，我做得到！Yes I can !」

專家推薦

好習慣，成就人的一生

文／隱陸達通國際教育事業執行長　劉倬宇

你知道你的行為有95%是被習慣所控制嗎？

我們每個人每天都有自己想做與必須要做的事，而且事情的複雜度通常會隨著年齡增長，越多、越大、越複雜。這時候，好的做事習慣會讓你游刃有餘，讓你凡事能夠帶著熱情和快樂，沒有焦急擔心，一步一步有系統的完成事情，邁向你的目標和夢想。

時代雜誌（Time Magazine）評選為全美二十五位最有影響力的人物之一——史蒂芬．柯維（Stephen Covey）博士指出：「一個壞習慣能夠毀了一個人的一生，一個好習慣能夠成就一個人的一生。」習慣是不經思考，就可去做的事情。這個看似再簡單不過的動作卻是影響我們的人生非常重要的因素。例如：走一樣的路上下學、每次看書從頭開始看。而每個人面對時間的態度也一樣，為什麼會有拖延、混亂、不清楚優先順序等等的情況？這些都是在不知不覺中所養成的習慣。這些看似再平凡不過的行為，卻深深影響著我們的人生。

每次美國太空總署（NASA）在太空梭發射前，需要大約一萬名工程師在半年內，反覆不斷的進行維修、測試、檢查、整合，確保太空梭的每一部分正確無誤，才能成就一次成功的發射。雖然這件事情的複雜度高，時間與資源的掌控要求精確，但是在一個好的系統（方法）管理下，可以讓每個人改變不好的習慣，按部就班的完成任務。在發射升空的一剎那，當太空梭脫離地球引力飛向太空，所有參與其中的人慶祝歡呼，又完成了一次偉大的目標。

一個人一天的行為中大約只有5％是屬於非習慣性的。習慣是無聲無形，我們看不到也摸不到，卻隨時隨地跟著我們，影響我們的行為。習慣決定我們的性格、念書方法、做事情成功和失敗。只有學習好的方法，像是正確的時間管理，透過持續的練習養成習慣，你將會發現做事越來越有效率，面對挑戰也會越來越有自信。

第1章 觀念篇

時間管理，從現在開始學習

你有這樣的煩惱嗎？

每天早上，從一睜開眼睛，就開始忙個不停，急急忙忙的上學、補習、參加社團活動。回到家，又是寫不完的作業，還有念不完的書。明明過得是又忙又累，可是，考試成績老是不理想，生活也是一團亂。

看看別人的狀況，卻會發現有些人既不急，又不忙，可是卻能把生活過得井然有序，不但成績好，而且社團活動的表現也不錯，真是讓人羨慕不已。

「為什麼他做得到，而我卻做不到呢？」你的心中不禁浮現這樣的疑問。你認為，對方可以把學業、生活、社團都經營得面面俱到，原因是什麼呢？

一、因為上天特別眷顧他，給了他一個好腦袋。

二、因為他就是很用功，很努力，每天都在家K書到深夜。

三、因為他會時間管理。

如果你選的答案是一，代表你相信天賦決定一切，只有腦袋好的人，才能把事情做好、把生活過好，但是，真的是這樣嗎？一個人即使很聰明，如果他不懂得運用時間的方法，還是可能浪費寶貴的時間，把生活過得一團亂。

如果你選的答案是二，代表你認為一定要非常努力、用功，才能把事情做好，把生活過好。不過，你一定也聽過「把力氣花在刀口上」這種說法，如果你非常努力、用功，但是都把時間、力氣用在沒必要的地方，結果不但自己累壞了，效果也不理想。

如果你選的答案是三，代表你已經知道「時間管理」的重要性了。好消息是，時間管理是可以學習的，而且，學起來一點也不難。

什麼是時間管理？

時間管理，就是懂得如何分配時間、運用時間，最後能夠有效的達成我們預定的目標。

透過時間管理，你可以根據個人的目標，規畫讀書、做事的進度，有效的執行，在期限內順利完成，不需要總是忙得筋疲力竭，也不必總要在考前才開始通宵苦讀。

在日常生活中，時間管理可以應用在哪些事情上呢？

- ☑ **生活習慣**：早起、上學不遲到、規律的作息等。
- ☑ **課業**：讀書進度、完成作業、準備考試等。
- ☑ **活動**：社團活動、旅行、參加比賽等。
- ☑ **個人成長**：課外閱讀、才藝學習、生涯探索等。

未來，當你進入職場，開始工作，時間管理所發揮的效果，更是經營職涯的重要關鍵。

CHECK

你需要時間管理嗎？

	是	否
1. 我總是很忙，但是事情總是做不完。	☐	☐
2. 我總是同時做好幾件事。	☐	☐
3. 我做事時沒有目標，想到什麼就做什麼。	☐	☐
4. 我沒有制定時間計畫的習慣。	☐	☐
5. 我很容易分心。	☐	☐
6. 我有拖延的習慣。	☐	☐
7. 我不擅於拒絕他人，總是在忙別人的事。	☐	☐
8. 我經常浪費時間在瑣碎的小事上。	☐	☐
9. 只我希望把事情做得完美，反而難以完成。	☐	☐
10. 不論是上學或赴約，我老是遲到。	☐	☐
11. 我經常花很多時間找東西。	☐	☐
12. 每天要做的事很多，我都不知從何做起。	☐	☐

以上十二個問題，如果你的答案中，「是」占了四個以上，代表你不擅於時間管理，即使很忙，也忙得沒有章法，你需要好好學習時間管理，幫助自己有效的運用時間，完成目標與計畫。

為什麼要學習時間管理?

如果給你一大筆金錢，但是你完全不懂得如何使用，看到什麼就買什麼，隨意浪費的結果，就是當你遇到真正需要或是想要的東西時，反而掏不出錢了。

所謂「時間就是金錢」，人在一生中所擁有的時間，其實是有限的，如果你經常把時間浪費在無意義、沒必要的事情上，那些對你來說很重要、很有價值的事，你反而沒有時間完成。

因此，時間管理的真諦，並不是要你每天跟時間賽跑，用計畫填滿所有的時間，而是能夠找出生活的目標，不必耗費太多時間，也能按部就班的完成計畫。

最重要的是，做好時間管理，我們會有更多時間去做想做的事。每天忙著上學、補習、寫作業、準備考試之外，你一定也希望留下一點時間給自己，而時間管理就是讓你除了做好必須要做的事情之外，仍然有時間去做自己想做的事。

總之，養成時間管理的習慣，你會獲得以下幾件「禮物」：

- **生活有目標。**
- **能夠有效率的利用時間，完成計畫。**
- **有比較多的時間去做自己想做的事。**
- **作息正常，生活有規律。**
- **守時、做事有秩序，能讓人有信賴感。**

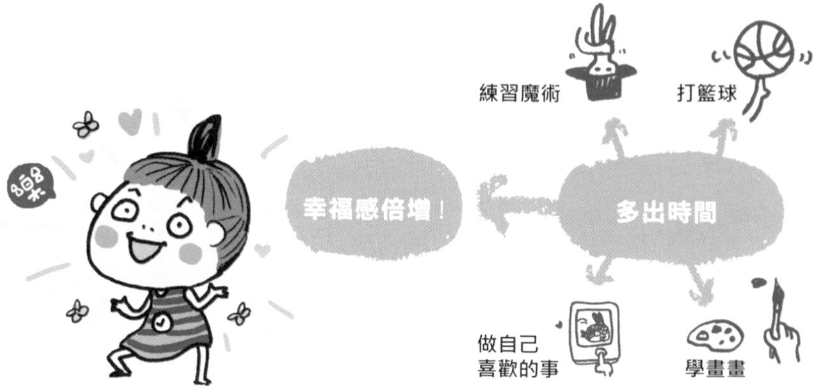

使用本書的方法：

本書特別列出中學生最容易遇到的時間管理八大痛點，提供簡單、可行的解決方案。每個痛點的解說都包含了：

每一則痛點會先以漫畫故事開場，讓漫畫人物先帶領你找出時間管理的問題點。不擅於時間管理，有很多不同的原因，透過每單元開場的小漫畫，找出問題點在哪裡。

漫畫故事之後，先想一想平常遇到這樣的問題，你會怎麼做？

進一步解說痛點形成的原因，找出真正問題的所在。

透過測試，了解自己在時間的運用上，是否存在著該問題點。

學習問題點的解決方案。如果測試的結果證明你有類似的問題，你可以參考本書提供的解決方案和工具，運用在實際生活中。

條列出章節重點，你可以重溫概念，也能更加清楚要改善的重點。

每個單元都提供了延展練習，幫助你將這些時間管理的技巧，運用得更為熟練。

最後一個單元是情境習作，這是一個綜合性的練習。透過情境的設定，請你運用前面的行動方案來執行，看你的應用指數有多高？

使用本書時，你可以按照順序，從第一單元進行到第八單元，如果你很清楚自己的問題點，也可以直接從你覺得有幫助的問題點，開始研讀。

漫畫人物介紹

接下來的每一個單元，都會由這幾位可愛的漫畫人物來帶領你找出時間管理的問題點，他們每個人都有一些時間管理上的毛病，找找看誰的狀況跟你最相近，跟著他們一起解決這些惱人的小麻煩吧！

班上的學藝股長，熱心助人，手工很強，作壁報等活動都少不了她，但個性迷糊，時間觀念很差，每天都過得像打仗般的匆忙。

班上的人氣王，功課不錯，但自我要求高，總是給自己很大的壓力，經常演出期限前狂奔的戲碼。

小艾的姊姊，大學生。時間管理非常有一套，經常受不了小艾這群小孩子的亂七八糟，有時候會出面教他們一些方法，被他們當成女神般的崇拜。

明軒的好朋友，個性溫和，不太懂得如何拒絕朋友；讀書上課的時候容易分心，是他最大的罩門。

體育健將，熱愛運動，但個人管理一團糟，除了打球很認真之外，其他興趣缺缺的事情都喜歡拖延或者敷衍。

- 時間管理，就是懂得如何分配時間、運用時間，最後能夠有效達成預定的目標。
- 時間管理可以廣泛運用在生活習慣、學業、活動，以及個人成長等面向。
- 時間管理，並不是要你在時間內填滿計畫，而是找出目標，用最有效的方式完成計畫。
- 做好時間管理，我們會有更多時間去做想做的事。

痛點 1
我每天都忙得團團轉，忙到半夜才睡覺，
卻什麼事都沒做好……

功課、社團、補習……
怎樣才能樣樣兼顧呢？

噹噹
今天就到這裡，兩張習題發下去。
明天隨堂小考，大家一定要複習哦，下課。
噹噹
唉，兩張國文作業、數學講義、還有英文習作……
小艾，我們要去補習班，順便吃晚餐。
一起走吧！
不行耶，我要去做校慶的道具……
好吧！真可惜。
GO！
打球啦！
真好啊。

才藝教室
我來了，我來了。
小艾。
快救我們～
校慶道具就靠你了。
呵呵，沒什麼啦！
不愧是學藝股長。
還是小艾厲害。
啊，七點了！
遲到了！
遲到了啦！
勝英文
卓越數學
實全文理補習班

唰
老師講到下一篇了。
啪
我回來了。
回來啦！
作業寫完來吃宵夜吧。
滴答滴答
好睏，先來作道具好了。

12點該睡覺了。
12點了……
作業沒寫完
道具沒做完
考試都沒讀……
事情這麼多，
時間根本不夠用啊!!

如果你是小艾，你會怎麼做呢？

1. 事情實在太多了，跑去請老師減少作業的分量。
2. 每件事都做一點點，有做總比沒做好。
3. 不要等回家才做，在學校先利用下課時間做一點。
4. 挑一件最重要的事，專注的做完，其他的再看情況而定。

讓我們看看小艾的問題吧。她的煩惱是很忙，既要照顧學校功課，她也是社團裡的重要成員，有社團的工作要做，除此之外還要補習，回家後要準備功課跟考試，事情真的多到做不完。但真的是因為時間太少了，還是因為她不會分配時間呢？

如果你選擇的答案是一，老師可能會回答你：「其他的同學都能寫完功課，為什麼你寫不完呢？」結果就是拒絕了你的要求。

如果你選擇的答案是二，結果就是，你雖然都做了，但是都沒做完，也沒做好，這樣不是很可惜嗎？

如果你選擇的答案是三，利用下課時先做一點，這麼一來，的確有助於減輕晚上的分量，但是，你就得犧牲下課的休息時間了。你願意這麼做嗎？

如果你選擇的答案是四，因為你把時間專注於使用在最重要的事，因此，完成的機率就提高。但是，在那麼多件需要完成的事情中，你知道哪件事情應該先著手進行，哪件事情可以暫時延後嗎？

為什麼要列出事情的優先順序？

讓我們來做個實驗吧！

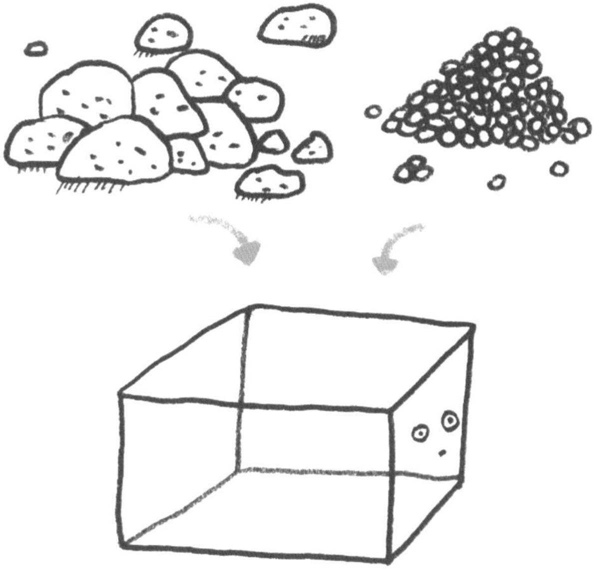

這裡有一個水缸，還有一堆大石頭與小石頭，數量剛剛好可以塞滿水缸，如果請你將這些石頭全部放入水缸裡，你會怎麼做呢？

A.

先把小石頭倒進大水缸中，
接下來才開始擺進大石頭。

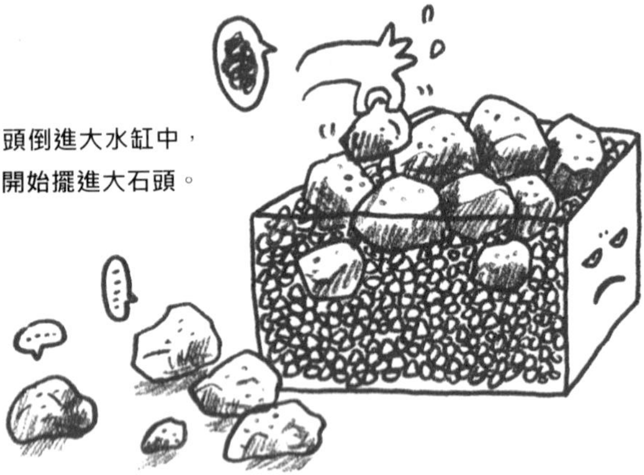

B.

先擺大石頭，
再倒進小石頭。

在這個實驗裡，如果你選擇A，先把小石頭倒進大水缸中，接下來才開始擺進大石頭，你可能會發現，好像沒辦法將所有的大石頭都擺進去。

但是，如果你換個做法，用B的方式，先擺大石頭，再倒進小石頭，你就會發現，很奇妙的，大石頭跟小石頭都能放進去了。

時間的運用，也是同樣的道理。重要的事，就是大石頭；不重要的事，就是小石頭。

每一天只有二十四小時，時間有限，當我們先把時間用在重要的事情上，通常可以順利完成，剩下來的時間，你可以用於比較次要的事情上，或是選擇休息。

相反的，如果我們先做無關緊要的事，最後就沒時間完成重要的事情。

因此，要解決這種「很忙」，但是忙得沒有章法的問題，就要找出事情的優先順序，先做重要的事情。

CHECK 你總是在跟時間賽跑嗎？

	是	否
1. 每天總覺得時間不夠用。	□	□
2. 覺得自己做了很多事，但是都沒做完。	□	□
3. 忙得沒有時間做自己想做的事。	□	□
4. 經常忙到深夜才入睡。	□	□
5. 當朋友有事找我幫忙，我經常是來者不拒。	□	□
6. 手邊經常同時在忙三、四件事。	□	□
7. 考試前夕，書總是念不完。	□	□
8. 總是很羨慕別人有時間做他們想做的事。	□	□

以上八個問題，如果你的答案中，「是」占了四個以上，代表你做事缺乏優先順序的考量，因此經常疲於奔命，你就更加需要學習使用接下來要介紹的優先順序三步驟了。

三步驟，培養優先順序的管理能力

每天要做的事那麼多，你知道該怎麼安排事情的優先順序嗎？

1 檢視你的一日作息

首先，讓我們來檢視一下你的一天之中有多少事情需要做。請用下面這張「一日作息檢視表」，將一天中所做的事條列出來。以小艾為例，看似亂糟糟的一天，整理出來以後，就可以看到小艾每天要做的事情大概有哪些，以及她有多少的空餘時間可以利用。

我的一日作息檢視表－以小艾為例

序號	時間	事項	備註
1	6:00-6:30	起床	
2	7:30	到校	
3	8:00-16:00	上課	
4	16:00	放學	
5	16:00-18:00	社團活動的道具製作	一星期後交
6	18:00-19:00	和同學（或回家）吃晚餐	
7	19:00-21:00	補習	
8	21:30	到家	
9	21:30-22:30	洗澡、上臉書、看連續劇	
10	22:30-24:00	做功課： 國文考卷一張 英文考卷一張 準備考試： 國文小考 繼續做道具	
11	24:00	上床睡覺	

2 找出重要的事

請將一日作息表中的事項，放入「時間管理矩陣圖」中。

時間管理矩陣圖－以小艾為例

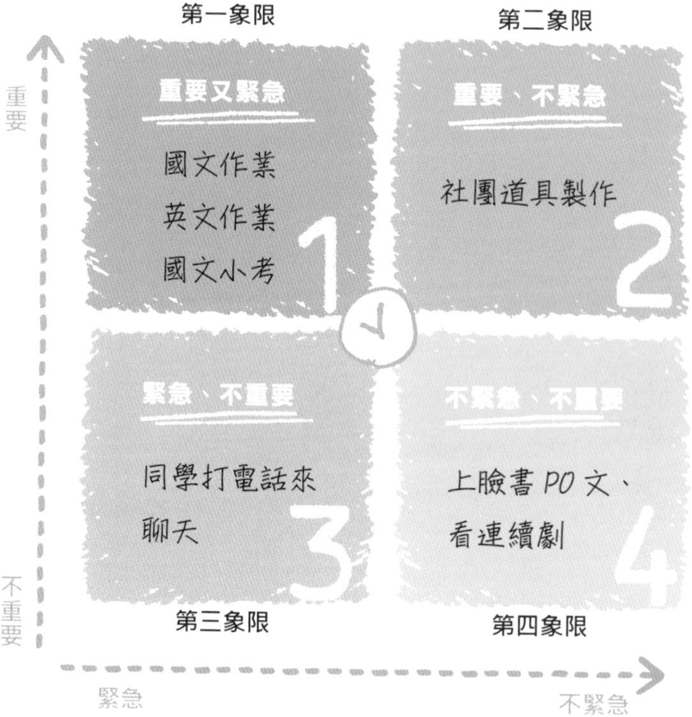

在圖的左上方（第一象限），請列入你覺得**很重要而且緊急的事**，
➡比方說：明天的考試、明天要交的作業等。

在圖的右上方（第二象限），請列入**重要，但是不緊急的事情**，
➡比方說，安排讀書計畫、增進自己的能力、運動習慣的養成、人際關係的建立等。

在圖的左下方（第三象限），則是列入**緊急，但是不重要的事**，
➡比方說，干擾、他人希望你做的事，或是各種必須馬上去做的急事。

在圖的右下方（第四象限），則是列入**不重要，也不緊急的事**，
➡比方說，跟朋友在網路上閒聊、花過多的時間看電視，或是其他浪費時間的事。

填完之後，看看在這張矩陣圖中，你一天的作息，特別是課餘的時間，多半落在哪一個象限呢？

最好的狀況，應該是要落在第一、第二象限，如果你落在第三、第四象限的事情太多，代表你花了太多時間在不重要的事情上，沒有時間去做重要的事，結果事情不是做不完，就是做不好。以小艾的狀況而言，她確實有做到將最多時間花在第一與第二象限上，但是這兩個象限卻沒有掌控好，她現在需要調整的是將一個星期後要做的社團道具，控制在固定時間內，晚上回家就得專心做功課跟準備考試了。

利用這個時間管理的矩陣圖，檢視自己一天的作息後，找出事情的優先順序，你應該把時間分配在重要的事情上，停止先去做那些既不重要，也不緊急的事。

這麼一來，你就會發現，自己花的時間變少了，但是完成的事情變多了，被功課追著跑的焦慮也會減輕了。

你甚至還可以觀察，自己每天最清醒、精神最好的時段是什麼，把最重要、最有價值的事情，放在這個時段進行，可以達到事半功倍的效果。

3 重新安排自己的一日作息表

透過一日作息檢視表以及時間管理矩陣圖，了解自己的作息以及這些事情的優先順序後，請重新再安排一次自己的一日作息。

當你可以有效率的安排一天的作息，你的下一個挑戰，就是把時間的週期，從一天延長為一個星期、一個月，甚至是一整個學期。

- 一天只有二十四小時，每個人每天所運用的時間都是有限的。
- 根據時間管理矩陣圖，釐清每件事的重要順位。
- 將時間專注於重要的事情，停止去做那些不重要也不緊急的事。
- 從一日的作息檢視，延展為一個星期、一個月、一個學期、一年，最後擴大到人生的自我檢視。

延展練習

1

列出你覺得「最重要的」三、四件事。

2

想想看，人生中最重要的人際關係是什麼？

3

思考你一生中最希望有什麼貢獻？

4

假設你只剩下六個月的生命，想想這六個月要做什麼？

好用小工具

我的一日作息檢視表

序號	時間	事項	備註

這是能夠幫你檢視與規畫優先順序的表格，這個表格除了可以檢視自己的一天作息之外，也可以當作時間的規畫表。檢查今天的作息，規畫明天的作息，你可以利用每天睡前十分鐘進行一次。依照這樣的方式不斷的檢查與修正，相信你很快可以抓到訣竅，不再被事情追著跑。

時間管理矩陣圖

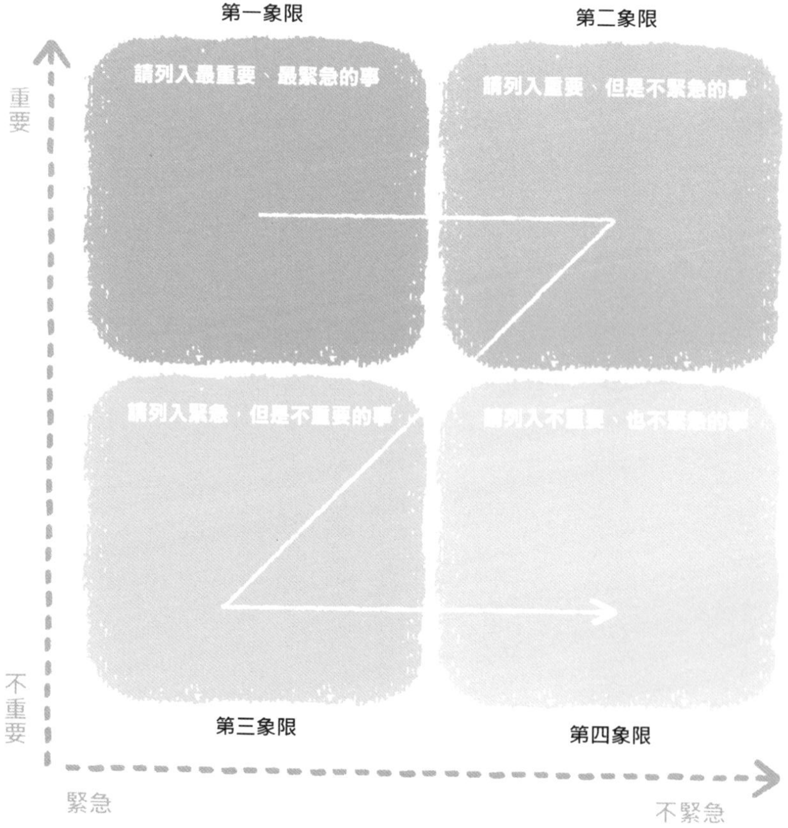

安排好你的時間管理矩陣後，接下來就要執行「Z」的行動方案。也就是從最重要的第一象限開始執行，接著依序是第二、第三，最後是第四象限，正好形成了一個 Z 字型。

痛點 2

我很難拒絕朋友的邀約或請求，
結果事情老是做不完……

友情與重要的事情該怎麼衡量呢？

週日
天啊！我最喜歡的樂團要來開演唱會。
小艾，拜託幫我買票！
我在台中外婆家，回不去！
可是今天下午……
下午要開賣啦！
沒買到會後悔一輩子！
拜託啦！
你是我最好的朋友，對不對？
嗯嗯，好吧！
YA！最愛小艾了！
本來約好要去做道具的……
只好買到票再去了。
是明軒他們……

秉鈞，你怎麼了？
比賽贏定啦！
可是明軒很重視比賽，
如果我打不好……
天天都練球，
沒去才藝班，被我爸罵了！
我也有其他事要做啊！
男生也有男生的煩惱啊！
小艾，下週比賽來幫我們加油吧！
秉鈞，我們一定要贏啊！

售票亭
唔，售票亭在……
大排長龍
哇——啊
都過中午了。
會來不及去學校做道具。
怎麼辦？要繼續排嗎？
唔……
嗯……

你是我最好的朋友
唔……
嗯……
找姊姊來幫忙排好了。
沒、沒帶手機……
雖然買到票了，
大家也都走了。
我回來了。
小艾，你跑去哪了？
今天是爺爺生日耶！

如果你是小艾或秉鈞，你會怎麼做呢？

1. 不管如何，朋友最重要，決定把自己的事放一邊，全力完成朋友的請求。
2. 自己的事最重要，嚴詞拒絕朋友的請求。
3. 編造自己生病為由，推掉朋友的要求。
4. 拒絕朋友的請求，但是委婉的說明原因，爭取對方的諒解。

小艾與秉鈞面臨的兩難，相信你也一定遭遇過。

我們生活在一個群體的社會中，人與人之間，需要相互支持與幫助，當朋友開口請求協助時，通常我們很願意伸出援手。

但是，每個人的時間都是固定的，當我們把時間花在幫朋友忙，可能就沒有時間去做自己要完成的事了。但是，如果直接跟朋友說「NO」，又擔心會影響彼此的友誼。

如果你選擇的答案是一，你因為完成了朋友的要求，朋友覺得你真的很有義氣，不過，因為要幫忙朋友的忙，你沒有時間做自己的事。

如果你選擇的答案是二，直接拒絕了對方，朋友對你感到很失望，你可能從此失去了這個朋友。

如果你選擇的答案是三，一來不得罪朋友，二來又有時間去做自己的事，不過，仍然有個後遺症，就是你編造的理由，可能會穿幫。

如果你選擇的答案是四，除了有時間完成自己的事，又能得到對方的諒解，似乎再好不過了。但是，該怎麼說「NO」，才能繼續維持友誼呢？

為什麼要學習說「NO」？

現在先讓我們來作一個實驗。

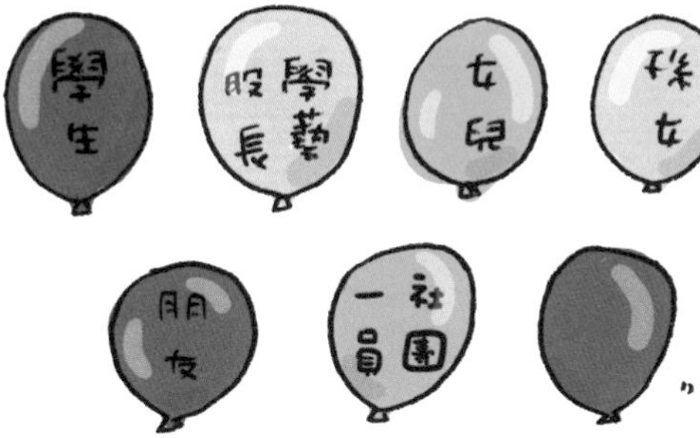

請你準備幾個氣球，在每個氣球上寫下現實生活中你所扮演的角色。以小艾為例，她是父母的「女兒」、社團的「道具製作組」、茵茵的好「朋友」、爺爺的「孫女」、需要到學校上課的「學生」、班級的「學藝股長」，至少身兼六個角色。

当你寫完這些氣球之後，把氣球往上拋，看看可以接到幾個？你會發現，要接到所有的氣球簡直就是不可能的任務。

接著，請你仔細想一想，挑選出你認為現階段最重要的三個角色，再做一次，要全部接到這些氣球，是不是變得簡單多了？

現實生活中也是一樣，我們身兼很多角色，如果要同時兼顧這些角色，將會非常辛苦，一不小心就會搞砸，跟故事中的小艾一樣。在中學時期，友誼是很重要的事，朋友的角色無疑是很重要的課題。

很多人以為「來者不拒」才是維持友誼的方式，這其實是錯誤的觀念。想像一下，當你必須把更重要的事擺在一邊，勉強自己去完成朋友的請託，你的心中一定相當不情願，如果這種狀況經常發生，長期累積成不愉快的情緒，最後反而會成為人際關係的導火線。

在前面的單元中，我們提到了時間管理的基本法則，就是找出事情的輕重緩急，列出優先順序，再決定該如何安排時間、使用時間。對於不同時機，何種角色比較重要，也同樣要衡量輕重緩急。

為了把時間用在重要的事情上，對於那些在優先順序中，屬於比較不重要的事，我們就得學習說「NO」。

哪些是我們應該說「NO」的事情呢？

- ☑ **對你來說，一點都不重要的事。**
- ☑ **當你有更重要的事必須完成時，朋友請求你幫忙的事。**
- ☑ **朋友希望你幫忙，但是虛耗時間的事。**

你可能有個疑問：「當朋友找我幫忙時，我拒絕了對方，這麼一來，誰願意跟我做朋友呢？」當然，向不重要的事情說「NO」，目的是要讓你專注在真正重要的事。這不是鼓勵你凡事只考慮到自己，而是提醒你在面對朋友的邀約和請求時，一定要先考慮事情的輕重緩急、優先順序。如果你把時間都花在滿足別人的願望上，等到你必須完成自己該做的事情時，反而就沒有時間了。

CHECK　你總是「來者不拒」嗎？

	是	否
1. 只要朋友找我幫忙，我一定盡全力滿足他。	□	□
2. 為了幫朋友的忙，我願意把自己的事先擺在一邊。	□	□
3. 我很少拒絕他人，這麼做會傷害我們之間的友誼。	□	□
4. 拒絕別人，會讓我感到內疚。	□	□
5. 面對別人的請求，即使我想拒絕，對方總是能夠說服我接受。	□	□
6. 身邊的朋友似乎都很輕鬆，可是我常為了他們的事而忙碌不堪。	□	□
7. 朋友經常向我傾吐心事，卻不在意我是否有時間聆聽。	□	□
8. 我是朋友眼中的「救火隊」，凡事都想找我幫忙。	□	□

以上八個問題，如果你的答案中，「是」占了四個以上，代表你可能花了太多時間去滿足別人的需求，反而沒有時間專注於重要的事，因此你必須學習向他人說「NO」。

有技巧的向朋友說「NO」

當你覺得，朋友的要求或邀約，會讓你沒有時間去完成其他更重要、更緊急的事，你就應該鼓起勇氣說「NO」。

利用以下技巧來拒絕朋友的要求，不但對方比較能夠接受，自己也比較容易說出口。

◆幫對方找到替代方案

故事中，茵茵請求的事情，因為有時效性，非得在那個時間去買票，否則可能就買不到了。而小艾自己又得去做道具、還要幫爺爺慶生，實在抽不出時間幫茵茵的忙，這時候她可以提供其他的建議，或是幫她找有時間幫忙的人，即使最後並沒有真正幫忙對方解決問題，對方也會感受到，你真的很想幫忙，也的確盡力了。

◆為自己找到替代方案

故事中秉鈞為了練球而影響課業，並且造成跟家人間的壓力。這時候的秉鈞可以跟隊友協調，為自己找一個替代方案，例如：先去補習，之後再作個人的加強，找自己可以的時間參加團練。這樣既可達到練習的目的，也可以兼顧自己的功課。

但如果沒有替代方案，也沒辦法更改時間時，只能對朋友說「NO」，這時你的態度就很重要，你可以：

◆爭取對方的諒解

如果朋友想要請你幫忙的事情，實在沒有其他的替代方案，你可以跟對方這麼說：「我知道你現在需要幫助，但是我現在手邊真的有急事必須完成，如果不能如期完成，會對其他人帶來困擾，所以我真的沒辦法幫你的忙。」相信好朋友一定可以體諒你的難處。

◆ **強調你非常感謝對方**

用感激或支持的方式表達拒絕，會讓你的「NO」聽起來不那麼直接，對方也比較能夠接受。你可以跟對方這麼說：「謝謝你願意找我幫忙，要不是我這個週末已經排滿了事情，實在抽不出時間，我真的非常樂意幫這個忙。」

◆ **提供另一個承諾**

你可以告訴朋友，雖然沒有辦法幫忙，但是你仍然支持對方：「這次我因為有其他緊急的事要做，真的沒辦法抽出時間，如果下次你需要幫忙，我一定盡力為你解決問題。」

除了以上這些方法，在面對他人的請求時，最好先想想自己是否有時間去完成，再給對方答覆，盡量不要一開始答應了，後來又反悔，反反覆覆的態度，反而更容易影響你們之間的友誼。

- 考慮事情的輕重緩急、優先順序後，要勇於說「NO」。
- 說「NO」的目的，是讓自己有時間專注於更重要的事。
- 有技巧的說「NO」，對方比較能夠聽進去，自己也比較容易說出口。
- 面對朋友的邀約或請求時，一概來者不拒，並不是維繫友誼的正確方式。

延展練習

1 寫下你現階段的願望，以及重要的事。

2 列出一天之中，在你忙著完成的事情裡，哪些你應該要說「NO」？

3 好朋友找你看電影，可是你當天已經有其他的計畫，你會怎麼做？

4 除了前面提到的幾種說「NO」的技巧，還可以怎麼婉拒對方，而不會傷害到對方？

痛點 3

不喜歡或覺得困難的事情，
我習慣拖到最後才做……

面對不想做的事情，要怎樣才能「立刻開始」呢？

下課打球囉！
拜拜！
明天見
拜拜！
喔，是茵茵。
呃，嗨！
不了，好熱喔！
對了，陶土作業你要做什麼？
要不要一起來打球啊？
動都沒動。
還早咧，打球重要。

茵茵家
茵茵
作業只有捏陶嗎？
剩下數學，等一下再寫。
世界上為什麼要有數學？
真討厭。
明軒家
作業做了沒？
要做了
先破這關！
好啦，好啦！
洗澡了沒？
等一下。
YA！升級啦！
要、要洗了。

啊～～～～～～
滴答滴……
我做的陶器，好擔心做不完。
好棒喔！
真快，我才剛開始弄。
厲害耶，幫我做。
你呢？你做什麼東西？
瓶喔。貼給你看。
來打下一關吧！
還有兩天才要交。大家幹嘛認真啊！
咔咔

週日
作業做了沒？還打電動？
今天假日耶！
有啦，有啦。
咔咔
嘟嚕嚕～
嘟嚕嚕～
茵茵
哈囉，要出去玩嗎？
明軒，你的陶土有多嗎？我的用完了。
呃，那個
完好
沒關係，我再問問看別人，拜拜。
呃，不是
嗯……
忘記明天要交。
這下糟了……

如果你是明軒，你會怎麼做呢？

1. 反正船到橋頭自然直，能夠在最後關頭趕出來就可以了。

2. 向家人或朋友討救兵，請他們幫忙。

3. 以生病為理由，希望老師網開一面，給自己補交的機會。

4. 立即開始動手去做。

其實大部分的人都跟明軒與茵茵一樣，有著拖延的問題。

遇到自己喜歡的事（像是打電動），當然二話不說，立刻投入，凡是自己討厭的事（讀書、做作業），就會自動列入「延後處理清單」，能夠明天再做的事，今天絕對不會動手，非要在「不得不完成」的壓力下，才會硬著頭皮去做。

如果你選擇的答案是一，代表你非要到了十萬火急的時刻，才願意開始動手，但是，熬夜完成作業，第二天又得帶著熊貓眼上學，而且多半完成的效果也不佳。

如果你選擇的答案是二，請別人幫忙，當然是解決問題的方法之一，前提是你必須確定家人或朋友有時間、也有意願幫助你。

如果你選擇的答案是三，代表你要為自己的拖延找藉口，並爭取老師的同情，但是這種方法只能用一次，畢竟老師的眼睛也是很雪亮的。

如果你選擇的答案是四，「立即開始」的確是戰勝拖延習性的最好策略，只是，口號說起來容易，要付諸行動卻很困難。

該怎麼做，才能產生「立即開始」的動力呢？

為什麼不願意立即動手去做？

很多事情，自己很討厭，但是又非做不可，於是自動將「開始」的時間往後延，直到截止期限到了，才開始趕工，搞得自己人仰馬翻。嘗過一次教訓後，你或許會暫時提醒自己：「下次一定要提早進行。」到了「下一次」，仍然再犯拖延的老毛病。

為什麼明明能夠現在動手做的事，你就是遲遲無法「開始」呢？

拖延習性，通常來自以下四種原因：

☑ **逃避心理**。

☑ **事情太難，不知道從哪裡開始下手**。

☑ **害怕做不好，會挨罵**。

☑ **內心的「小懶蟲」發作，就是沒有做事的意願**。

你可能會認為，「反正事情今天做，還是明天做，應該沒什麼差別，那就明天再開始吧！」但是，事情今天做，或是明天做，其實是有差別的：

◆ **拖延會增加「開始」的難度**：隨著截止期限漸漸逼近，你的時間壓力也會越來越大，反而會讓你越來越想逃避這件事，繼續拖延的話，「開始」也變得越來越困難。

◆ **拖延會增加「完成」的難度**：完成一件事，需要有充裕的時間，如果拖到最後關頭才開始動手，不但時間不夠，一旦發生突發狀況，你也會難以應付，讓「完成」變得更加困難。

現在，你應該知道，「立即開始」是多麼重要了吧。

CHECK

你有拖延的習性嗎？

	是	否
1. 遇到不喜歡的事，我總是擺到最後再做。	□	□
2. 我總是到了考試前一晚，才開始熬夜讀書。	□	□
3. 遇到困難或不喜歡的事，我經常要花很長的時間「熱身」。	□	□
4. 雖然今天能做，我總是想拖到明天再動手。	□	□
5. 我常在完成事情的期限前，花時間在瑣碎的小事上。	□	□
6. 只要心情不好，我就提不起精神讀書，或是做事。	□	□
7. 我總是能找到拖延事情的好理由。	□	□
8. 總是在最後的壓力之下，我才能把不喜歡的事情做完。	□	□

以上八個問題，如果你的答案中，「是」占了四個以上，代表你對於不喜歡的事情，習慣性拖延，只有在不得不完成的狀況下，才會開始動手處理，因此你必須學習克服拖延的習性，讓自己從容而準時的將事情完成。

四大戰術，戰勝你的拖延習性

當你面對一件很想拖延的事情時，請利用以下四大戰術，來戰勝你的拖延習性：

1 暫停對這件事下判斷

該讀的書沒讀，該做的作業沒做，很多人習慣找理由來合理化自己的拖延，比方說，「今天學校事情特別多」、「就是沒那個心情」、「累了，想上床睡覺」等等。想要拖延的原因，不外是「討厭」、「無聊」、「很多做不完」、「很困難」等等。當你遇到這樣的狀況時，首先你應該學會先暫停一下，深呼吸，先停止自己心中的抗拒感。

2 換個角度思考

很多人會覺得寫作業就是為了交代學校作業，做勞作是因為老師要我做，這是屬於比較消極的想法。其實你可以換一個方式來思考，利用下頁的「好處多多表」來幫助你。

請你畫出76頁的「好處多多表」，把你要做的事情條列寫下來，接著寫下做這件事情的結果是什麼？例如：開始寫英文作業，結果就是要完成今天老師交代的作業範圍。接下來請你想三個現在做完英文作業的好處。例如：剩下的時間可以無憂無慮的做我喜歡的事、明天不會被老師罵、英文會進步且可以跟得上進度等等。當你做了這些分析之後，你會發現趕緊做完這些想要拖延的事情，其實對自己好處多多！

好處多多表

事項	結果	好處
寫英文作業	完成作業	① 剩下的時間可以無憂無慮的做我喜歡的事 ② 明天不會被老師罵 ③ 英文會進步且可以跟得上進度
準備國文小考	讀完要考的範圍	① 擺脫考試的壓力 ② 國文成績進步
⋮	⋮	⋮

3 用「分解法」，各自擊破：

如果要你一次吃完一整個蛋糕，一定很難下嚥吧。如果將一個蛋糕分成十塊，一次吃一塊，是不是就輕鬆多了？

同樣的道理，當你把一件待辦的任務，分解成不同的部分，例如要背的英文單字有二十個，你可以先拆解成三部分，（1）已經比較熟的、（2）有印象但不熟的、（3）完全不熟的，再一部分一部分去背誦，原本二十個，拆解成六個、七個，是不是看起來少得多？一次只需要對付一部分，負擔變輕了，執行起來變容易了，你也不會有那麼強烈的抗拒心理。

如果你的時間越充裕，每天要完成的進度就會變得更輕鬆。那麼，該怎麼做，才會替自己爭到充裕的時間？答案很簡單，就是盡早開始。

英文單字×20
天啊…！
20個…太多！
背不起來啊！
昏

這些早記住了！
要背的才7個！
一下就背完了！
這些有印象！

4 完成任務後，獎勵自己

每次完成一個艱難的任務，事後給自己一點小小的獎賞，例如：背完英文單字可以上十分鐘臉書等。這麼做會提高你的成就感，下一次再面對自己沒興趣或是討厭的事，你就不會這麼想逃避了。

- 拖延該做的事，只是增加這件事「開始」與「完成」的難度。
- 戰勝拖延習性的第一件事，就是不要替自己的延遲找藉口。
- 做事時，運用「分解法」，有助於減輕心理上的壓力。
- 完成任務後，獎勵自己，會提升你下一次勇於開始的動機。

延展練習

1

想一想，自己習慣拖延的事情是什麼？為什麼？

2

寫下今天必須「立即開始」的事情。

3

請根據上一個練習的內容，訓練自己二十秒內馬上開始行動的決心。

4

如果你必須要在一個星期之內，背完一百五十個單字，你會怎麼做？

痛點 4

我希望每件事都可以做到最好，
結果經常來不及完成……

時間有限，又想要做到完美，什麼才是恰到好處的完美主義？

你做什麼？
做得好，會被送去學生美展喔！
好好喔。
我要看你的。
我也要看。
呼呼，誰管他什麼美展呢。
有交就不錯了。
茵茵今天沒來……
感冒了嗎？
咔
還好趕上美術課了。

哇～
哇
好厲害！
哇
好漂亮！
哇
做到凌晨五點，所以才遲到了。
非常好，這件送去參加學生美展。
而明軒……
回去重做。
哈哈
哈哈哈
噢，不～～～
茵茵幫忙美術組同學參加壁報比賽吧。
沒問題。

壁報交件日
我們把各自做的部分拼起來吧。
放學前要貼到穿堂。
茵茵，你的立體字好了嗎？
還沒耶。
重做了好幾次都不滿意，
等一下再給你。
呃，離放學前還有兩個小時，我幫你做吧。

噹噹噹噹噹？
快！遲交會被扣分的。
哇
碰!!
哇啊
痛！
咦？
老、老師！
天啊！
完了！
啊，對不起。

THINK

如果你是茵茵，你會怎麼做呢？

1 一定要達到自己的標準，才肯罷休，做到自己滿意為止。

2 在期限內做完比較重要，馬虎一點沒關係。

3 跟校方要求，把期限延後，爭取多一點的時間。

4 盡力在期限內完成，如果還是不滿意，也學習接受最後的成果。

看到自己辛苦完成的作品，最後遭到這樣的下場，茵茵一定感到很挫折。

在多數的狀況下，提高自己做事的標準，是件很好的事，唯一的例外，就是像茵茵這樣，時間已經所剩無幾了，還是舉棋不定、無法結束，造成拖延，結果反而把事情搞砸了。

如果你選擇的答案是一，追求完美的你，用一百分要求自己，當然很好，但是也因為一直無法滿足，結果就是無法在時間內完成。

如果你選擇的答案是二，你雖然準時完成了，但是做出來的成果並不理想，事後又會覺得懊悔。

如果你選擇的答案是三，假設學校願意將期限延後，讓你有更多的時間去修改，似乎是再好不過了，但是，對其他準時完成的人，卻不公平。

如果你選擇的答案是四，你如期完成，而成果雖不到理想的一百分，也還在自己可以接受的範圍內。

該怎麼做，才能讓自己的完美主義「恰到好處」呢？

為什麼要學習「剛剛好的完美主義」？

追求完美，把事情的標準訂得很高，其實是一項優點，正因為對自己有所要求，我們才會鞭策自我，把事情做得更好，也讓自己變得更好。

在有餘裕的時間裡努力把每個細節做到好，是一個很好的態度，但有時候為了追求成果的完美，卻沒有辦法確切的使用時間，造成進度延宕，結果反而令人失望。

就像是故事裡的茵茵，花了很多時間辛苦完成的作品，如果好好在期限內交稿，一定會有非常好的成績，但因為沒有掌握好時間，匆匆忙忙的結果，反而連作品都交不出來。或是為了堅持這件事情，而犧牲了其它同樣重要的事，例如：為了完美的做完勞作，卻沒有考慮到明天要上課。

「完美主義」的哪些症狀，會造成你無法掌握時間，因而沒辦法在期限內完成計畫呢？

- ☑ **缺乏做事的優先順序，在不重要的細節上斤斤計較。**
- ☑ **眼高手低，沒有事先評估所需的時間。**
- ☑ **只重視自我滿足，缺乏「期限感」。**
- ☑ **團隊合作時，每一件事情都想自己完成，無法分工、授權。**

「所以，我應該不再事事追求完美嗎？」你可能有這樣的疑問。其實，舉出上面的「完美主義症候群」，並不是鼓勵你降低標準，而是找出完美主義的盲點，並加以調整、改進。

換句話說，你應該要追求的是「剛剛好的完美主義」。

CHECK 你的完美指數有多高？

	是	否
1. 凡事我總是要做到一百分，才會感到滿意。	□	□
2. 我經常為了把事情做到最好，延誤了時間。	□	□
3. 因為我對自己要求很高，我常常感到很有壓力。	□	□
4. 小組合作時，我常常不放心把事情交給其他組員。	□	□
5. 我認為，做事如果無法做到完美，就失去了意義。	□	□
6. 我相信，只要努力，就能完美的完成一切。	□	□
7. 朋友眼中的我，是個很「龜毛」、挑剔的人。	□	□
8. 我無法忍受自己失敗。	□	□

以上八個問題，如果你的答案中，「是」占了四個以上，代表你是個完美主義者，自我要求很高，卻可能因此造成事情做不完的窘況，因此你必須學習在追求完美的同時，也能夠有效掌握時間。

三大方案，打擊「完美主義症候群」

追求「剛剛好的完美主義」，重點就在於打擊「完美主義症候群」，在不降低自我標準下，也能夠妥善運用時間，得到自己滿意的結果。

以下是打擊「完美主義症候群」的三大方案：

1 以「紅黃綠」分類法，為每件事設定標準

還記得在第一單元所提到的大石頭、小石頭的實驗嗎？因為水缸的空間有限，所以要先放大石頭，再放小石頭。因此，時間管理的第一課，就是找出最重要的事（大石頭），在有限的時間內，先做重要的事。

同樣的道理，當你在著手做任何事之前，也可以將事情分為紅、黃、綠三大類：紅色類型，代表最重要的事，不僅要做完還需要做到完美，例如：參加重要比賽的作品，就屬於這類；黃色類型，代表重要的事，要做好，但是以「做完」為標準，像是茵茵的美勞作業就屬於這一類。作業是為了要練習某一項技巧，最後的結果不像比賽作品那麼重要，做到完美固然很好，但是為此熬夜導致隔天的課沒辦法上，就有點本末倒置了；綠色類型，代表次要的事，可以先放到一邊去。

分類好之後，你可以根據期限安排時間，紅色事件安排最多時間，黃色事件次之，綠色事件有時間再做。但不管哪個分類，都要遵守最高指導原則──「期限內完成」。

想要在有限的時間裡做到最完美，關鍵就在於你是否能有效運用時間。

2 培養「倒算力」

這時候你可以採用「倒算法」來幫助你。

首先，在一張白紙上寫下截止的時間，接著寫上你準備開始執行的時間。例如：壁報比賽的截止日是下週一的下午四點鐘，而你想要從今天，星期一下午下課後開始做。接下來，開始倒算，從截止日往前推，你會有多少時間可以來執行這件事。例如：週一到週五你只能利用放學後、補習前的一個小時，以及週六與週日下午，請把這些時間統統列出來。

接著，從截止日倒推回來，如果下週一要交件，你有多少事情要做？每一件事情大約需要多少時間？依照事情進行的順序與所需時間填寫上去。

這樣的一張表不僅可以讓你確實列出要做的所有事情、做好時間分配，也可以作為一種提醒，避免你在某個細節裡琢磨太久，因為當你延遲其中一個環節，接下來的每一件事情都會受到耽誤，最後可能導致交不出成品。

① 開始時間	週一 16：00	1小時	討論壁報內容	
	週二 16：00	1小時	採購壁報材料	④
	週三 16：00	1小時	壁報草圖設計	
	週四 16：00	1小時	壁報草圖設計	
	週五 16：00	1小時	上色	
	週六 14：00-16：00	2小時	上色完成	
③	週日 14：00-17：00	3小時	作立體字	
	下週一 12：00	1小時	最後修改調整	
② 截止時間	下週一 16：00	交稿		

- ① 設定開始的時間。
- ② 設定截止的時間。
- ③ 由下往上推有多少時間可用。
- ④ 由上往下填入要做的事情。

3 設立期限管理員

「完美主義症候群」最大的問題在於沒有「期限感」，安排好上述的時間倒算表之後，你可以找一個同學來擔任期限管理員，負責提醒時間，期限管理員可以設定截止前十分鐘提醒收尾、五分鐘提醒大家做最後檢視，最後，聽到時間管理員叫停時，就得停手。

其實，不論是哪一種比賽，時間到了，選手就該停下來，接受結果。而你也應該把「期限」看成一種規則，在期限之前，盡力做到最好，但是，該結束時，就要結束，並接受最終的成果。

4 團隊合作時，要學習分工

團隊合作的目的，就是讓每個人都有機會參與，除了要分工，還要跟他人溝通、協調，才是你學習的重點。最重要的是，不要害怕犯錯，不必因為犯錯，就否定自己，從錯誤中學習，才有機會不斷的成長、進步。

- 追求完美是一項優點，但是也要避免「完美主義症候群」所帶來負面的影響。
- 不必事事追求完美，而是在最重要的事情上，追求完美。
- 在期限之前，做到最好；但是期限到了，就要結束，並接受結果。
- 把犯錯當作是幫助自己成長、進步的動力。

延展練習

1
根據「紅黃綠」法則，將你要做的事分類，找出哪些是需要追求完美的事情。

2
做任何事情之前，先建立目標，並評估完成目標所需要的時間。

3
參與團隊合作，寫下你對於分工、授權、溝通、協調四件事的體會。

4
找出三則「逆轉勝」的成功人士，讀完他們的故事，然後寫下你的心得。

痛點5

我想專心，
卻總是一個不小心就分心了……

「分心」一不小心就偷走時間，要怎麼防範這個時間的小偷呢？

厚，連這樣都投不進喔？
春秋戰國
秉鈞，你來回答這題。
咦？
？
？
1895 年啦
1895？
坐下，上課專心。

下課前，把筆記寫完吧！
呼，要專心！
噹噹噹
抄完筆記的，自行下課。
噹々
來了啦。
打球啦！
搶球場，不等你了。

秉鈞家
哈哈哈
寫作業不要一邊看電視。
回房間專心寫啦。
喔。
看看臉書好了。

明軒在搞什麼啊？
哈哈，
對了，跟小艾借的小說還沒看完。
路易絲，我不能連累你。
不，我跟你走。
這部片我看過，結局是……
專心讀書啦！

如果你是秉鈞，你會怎麼做呢？

1 做自己最重要，除非發生嚴重的問題，否則不會改變自己。

2 會反省自己，盡量要求自己要專心。

3 盡量到圖書館念書，強迫自己專心。

4 向讀書高手請教不分心的技巧，訓練自己專心一致。

看起來，秉鈞容易分心的毛病還滿嚴重的。

因為分心，同一件事，別人也許只要二十分鐘做完，你卻得花上一個小時，不是因為你的動作慢，而是你的心思總是會飄到別的地方上。

如果，你始終無法專心一致，最後就會發現自己虛耗了許多時間在無關緊要的小事上，而且重要的事也沒有做好。

如果你選擇的答案是一，代表你沒有意識到分心會帶來嚴重的後遺症，長期這麼下去，不論課業、社團或是人際關係，都可能會拉警報。

如果你選擇的答案是二，代表你開始思考分心的嚴重性了，可是，光是要求自己還不夠，你還需要正確的方法。

如果你選擇的答案是三，代表你在一些特定的環境下，可以變得比較專注，不過，你還是需要做一些專注力的訓練，讓自己更能夠不受外力的干擾。

如果你選擇的答案是四，代表你有心想要打敗容易分心的毛病，那麼，該怎麼做，才能告別「三心二意」，讓自己專心一致，有效的利用時間呢？

為什麼要學習專注？

你是否好奇，上天很公平的給了每個人一天二十四個小時，為什麼有些人可以在時間充裕的狀況下，完成事情，然而，有些人每天忙來忙去，總是覺得時間不夠用，而且事情還是做不好呢？

差別在於，前者知道怎麼對付「時間的小偷」，後者則讓「時間的小偷」偷走了許多寶貴的時間。

「時間的小偷」有很多種，「分心」就是其中的一種。

舉例來說，在專注的狀況下，完成一份數學作業，你大概只需要一個小時，但是，由於分心，你花了兩個小時才完成，等於白白被偷走一個小時。

你曾經想過，自己為什麼會分心嗎？造成分心，主要有以下四個原因：

- ☑ **你對所做的事沒有興趣，或是缺乏熱情，因此很難投入其中。**
- ☑ **容易受到外界的干擾，包括電視、電話、網路或是外界的聲音，都可能分散你的心思。**
- ☑ **缺乏時間的急迫感，因此比較不容易專心，相反的，當你要求自己必須在一定的時間內完成某件事，在壓力之下，很自然就會全神貫注。**
- ☑ **疲倦、體力不濟，造成注意力無法集中。**

如果，你一直任由「分心」偷走你的時間，最後你發現自己筋疲力竭，花了很多時間，結果事情卻都沒有做好。

CHECK

你總是容易分心嗎？

	是	否
1. 同一件事，我會花比別人更久的時間，才能完成。	☐	☐
2. 我很容易受到外界的干擾。	☐	☐
3. 我很難在椅子上安靜的坐上一個小時以上。	☐	☐
4. 我常常在讀書時，同時還聽音樂、上網或做別的事。	☐	☐
5. 我經常花時間在瑣碎的小事上。	☐	☐
6. 我經常事情做了一半，又開始做另一件。	☐	☐
7. 我不會特別意識到時間的存在。	☐	☐
8. 我做事時，經常想到什麼，就做什麼。	☐	☐

以上八個問題，如果你的答案中，「是」占了四個以上，代表你是「分心」的受害者，經常虛耗太多不必要的時間，因此你必須學習專注，打擊分心。

四大策略，打擊分心大作戰

當你在做自己喜歡、感興趣的事，通常就會全神貫注，自然不會有分心的問題。不過，面對自己不是那麼喜歡、卻又不得不完成的事，比方說，讀書、寫作業，你應該採取以下幾個打擊分心的技巧：

1 斷絕外界的干擾

一個人的專心程度，跟空間與環境中的干擾因素息息相關。因此，你應該先在紙上列出最常受到哪些事情的干擾，以及你該如何斷絕這些干擾，然後徹底執行。（如左表）

打擊干擾源對策表

干擾源	斷絕的對策
手機（會跟好友講電話）	關機。
網路（會上臉書，或在網路上閒逛）	關掉電腦、拔掉網路線。
電視（聽到聲音，會想去看）	關上房門，請家人將電視聲音轉小，或是選擇在沒有電視干擾的環境（如圖書館）下讀書。
漫畫、電玩	將漫畫、電玩收在你看不到的地方。

2 計時訓練

首先，以十五分鐘為一個單位，設定完成進度，比方說，做完五頁的參考書內容，或是三道數學題。找一個有倒數功能的鬧鐘設定在十五分鐘後響鈴，接著開始執行你所設定的目標，盡可能要求自己要在鈴響時完成。進度不必訂得太多，重點在於可以達成，並且產成時間急迫感。

當你已經習慣在十五分鐘內完成預定的進度，再慢慢的延長為二十五分鐘，持續練習後，你就能在限定的時間內完成進度，不被分心打敗。

創造時間急迫感

計時訓練圖

一個十五分鐘
做完三道數學題
（小時間做小事情）

三個十五分鐘
分批做完一張數學考卷

四個十五分鐘，
分批做完一個單元
數學習作。
（大時間做大事情）

3

用便利貼督促自己

你可以在便利貼上註明你該做的事，或是準備完成的進度，一張寫一件事，貼在你的書桌前，每完成一項，就撕掉一張。你每天要完成的事情可能很多件，我們同樣可以利用先前提過的優先順序規則，以不同顏色的便利貼來標示，例如：紅色代表緊急、黃色重要、綠色普通、藍色有時間再做，然後從紅色的便利貼開始處理。

你也可以搭配上述的計時法，例如：紅色的國文小考需要

準備一個小時才能完成，你可以將內容拆分為兩部分，再設定兩個二十五分鐘的鬧鐘，分批讀完，每二十五分鐘休息五分鐘，以維持自己的專注力，盡量在兩個鬧鐘響完時，完成國文小考的功課，然後給自己十分鐘的長休息，再繼續下一個功課。

4 共學夥伴，相互督促

要克服分心的問題，除了毅力，也需要有人陪伴，一起並肩作戰，你可以找一、兩位要好的同學，組成讀書小組。設定進步的目標，一起制定讀書計畫，每天一起讀書一、兩個小時，利用這個共讀的時間，一起完成比較困難的作業，相互提醒、督促，效果會更好。

番茄鐘工作法

法蘭西斯科・西里洛（Farncesco Cirillo）在1987年9月為了完成一章課堂測驗的準備，設定了第一個番茄鐘，計時兩分鐘。因為這個舉動，讓他從「一定得要通過考試」、「時間已經不多了，而他還有三本書沒有讀」、「讀不完了怎麼辦？」等重重焦慮之中解脫出來。而後他發展出一個增進效能的「番茄鐘工作法」，有效克服各種容易分心和藉口拖延，幫助自我實現目標的好方法。運作方法如下：

◆**規劃任務**：把要做的事列出清單，一次不要設定太多。

◆**設定番茄鐘**：可以使用任何計時器，像是鬧鐘或手機APP都可以，設定時間為25分鐘並開始計時。

◆**全心專注**：在計時結束前要專注投入，除非是極重要的事才能中斷。

◆**休息與畫記**：25分鐘一到就立刻停下來，休息5分鐘。把已經完成的任務畫掉，或在5分鐘後設定下一個番茄鐘繼續專注，完成四次番茄鐘之後，大休息15～30分鐘。

運用「番茄鐘工作法」幫助自己暫停來自大腦與外界的種種干擾，以定時定量的方式，階段式推進所有想要完成的事。

分心是一種「時間的小偷」，會偷走你寶貴的時間。

澈底斷絕「干擾源」，是打擊分心的必要手段。

培養對時間的急迫感，可以幫助自己集中精神。

找家人、同學一起作戰，打擊分心效果更好。

延展練習

1 記錄每天讀書、做事時，總共使用了多少時間，並計算「分心」偷走了多少時間。

2 在你身處的環境中，什麼是造成你分心的「干擾源」？該如何對付？

3 每天開始讀書前，把當天必須完成的進度或作業列出清單，用便利貼提醒自己。

4 跟朋友相約碰面時，嘗試以「分鐘」為單位，比方説，三點十九分，讓自己的時間感變得更為敏銳。

痛點 6

東西又找不到了！

我老是花時間在找東西……

東西要用的時候老是找不到，要怎樣才能讓東西都就定位呢？

小艾，我的書……
什麼？
上次借你的書，先還給我吧。
我要用。
好，等一下，我先找一下茵茵的東西。
唉！

早晨
啾啾
啾
你在幹嘛？快點來吃早餐。
媽，你有沒有看到我的手機？
昨天不是放在書架上？
真的耶，太好了。
07:1
早餐呀！
遲到啦！

下課時間
要不要一起去福利社？
好，我拿一下錢包。
？
噹噹噹噹噹噹～
找到了！
啊，上課了
對不起。
沒關係，下節再去吧。

音樂課
老師說要借練習室練合唱。
門怎麼還沒開？
誰開門？
學藝股長？
音樂練習室
小艾？
鑰匙在我這。
我來開門。
鑰、鑰匙呢？
明明上節課才借的……
又來了！
小艾真糊塗！
小艾……

THINK

如果你是小艾，你會怎麼做？

1. 雖然覺得很煩，但是眼不見為淨，東西照樣亂放，下次要用時，再找吧。

2. 請家人幫我整理。

3. 嗯，整理東西真的很重要，不過，有時間再做吧。

4. 捲起袖子，開始整理凌亂的房間。

找東西，真是耗費精神，又浪費時間。看到小艾老是花時間在翻找東西，說不定你也有類似的困擾。

每到緊要關頭，東西不是忘記帶，就是找不到，花了好多時間在找東西，弄得自己和身邊的人都人仰馬翻，過不久，類似的情況又會再上演一次。

如果你選擇的答案是一，你可能認為整理物品太浪費時間了，但是，下一次當你需要時，卻得要花更多時間在找東西上，結果沒有時間去做自己該做的事情。

如果你選擇的答案是二，請家人幫你整理，的確可以節省一些時間，可是，如果你不知道家人把東西收到何處，下次找東西時，又得要麻煩家人了，同樣也會耗去不少寶貴的時間。

如果你選擇的答案是三，代表你體認到了整理、收納的重要性，但是拖延著不去整理，真正要找東西時，又得開始傷腦筋了。

如果你選擇的答案是四，代表你為了打擊混亂，準備要付諸行動，但是，你知道該怎麼整理、收納物品，才能獲得最佳的效果嗎？

為什麼要養成整理、收納的習慣？

找東西也是一種很常見的「時間的小偷」，別以為找東西不過只花五分鐘、十分鐘，如果你經常花時間在找東西，這些零碎的時間加起來也非常可觀。

如果，你經常花時間在找東西，代表你可能有以下三個問題：

- ☑ **懶惰**：或許你也很想生活在井然有序的環境中，但是遲遲沒有採取行動，而持續讓自己活在混亂中。
- ☑ **缺乏紀律**：每當你看完一本書，隨手一擺，沒有放回書架上，或是用完文具，也是隨處一放，沒有物歸原位的習慣，就是缺乏紀律，日積月累，就形成了混亂。

☑**做事沒有規畫**：如果你做事時，比較沒有秩序的觀念，不擅於有條不紊的安排事情，你所處的環境，一定也是一團混亂。

養成整理、收納的習慣，會為你帶來以下三個好處：

◆ **節省時間**：當你需要找東西時，只要記得收納在哪裡，通常很快就能找到，縮短找東西的時間。

◆ **讀書、做事會比較有效率**：當我們身處在一個混亂的環境中，不但要花時間找東西，也容易分心，相反的，當我們在一個整齊、清爽的環境中，思緒會比較集中而清楚，不論是讀書或是做事，效果都會比較好。

◆ **訓練自己過有秩序的生活**：整理、收納物品的目的，就是要打擊混亂，當我們學習建立有秩序的環境，無形之中，也是一種讓生活變得井然有序的訓練。

CHECK

你是混亂一族嗎？

	是	否
1. 我的書桌非常雜亂無章。	□	□
2. 東西用完之後，我習慣就這麼擺著。	□	□
3. 每件東西都很有紀念價值，我捨不得丟。	□	□
4. 我的抽屜塞滿了東西，關都關不上。	□	□
5. 出門時，經常會忘掉鑰匙、錢包、手機。	□	□
6. 我經常找不到東西。	□	□
7. 我總是得花很長的時間找東西。	□	□
8. 我只有在年終大掃除時，才會整理房間。	□	□

以上八個問題，如果你的答案中，「是」占了四個以上，代表你平時缺乏整理物品的習慣，經常將時間浪費在找東西上，因此你必須學習收納整理術。

四大類型，對抗混亂大作戰

造成混亂的原因有很多種，除了前面所列出的普遍都有的狀況之外，一個人的個性與習慣也很有影響喔。不同性格的人有不同的混亂狀況，為了對治你的混亂情形，先來看看你的混亂狀況屬於哪一種類型，接著再來對症下藥，相信很快可以讓你的生活井然有序。但最重要的關鍵是，你必須跟著方法持續不斷的改善，努力克服自己的問題點！

請根據左表的四個情境，分別找出最符合你的描述：

你也是阿雜王子、亂室佳人嗎？

早晨 7 點，該起床了，你……		
A	B	C
鬧鐘響翻天 我什麼都沒聽到， 繼續夢周公	氣沖沖下床 氣沖沖刷牙 氣沖沖的穿衣服	按掉鬧鐘再睡五分鐘 媽媽叫了，再睡五分鐘 然後，無數個五分鐘……
上學要遲到了，你……		
A	B	C
悠閒享受美味早點， 完全忘記今天要上學	肚子痛、頭痛、心情不好 找盡各種理由不想去學校	走到門口，忘記帶書包 坐到車裡，忘了帶作業…
你的房間亂七八糟時……		
A	B	C
看了一下，很認真的 說：「不亂啊！」	說等一下就收， 然後繼續埋首電腦、公仔 或漫畫裡，永遠不整理	金玉其外，敗絮其中， 如果你能打開衣櫃或抽屜 的話……
睡覺時間到了，你……		
A	B	C
沒人提醒的話，永遠 不知道時間有多晚	每天都陷在功課泥沼裡， 哪有時間睡覺？	已經很晚了， 卻一點都不想睡， 要你去睡覺比登天還難

（※ 整理自《親子天下第四十一期》）

1 選項A多——無感型：

你對外在比較沒有覺知，雖然常常找不到東西，但大部分的時間並不覺得生活或者環境很混亂。

◆你的解決方案：養成物歸原位的習慣

如果你是屬於無感型的人，可以請爸媽跟你一起整理一次房間，把整理前的房間跟整理後的房間都拍照，前後對比一下，感受什麼是「井然有序的房間」。整理之後，將照片貼在房間最顯眼的地方。

接著，你需要養成物歸原位的習慣，否則很快房間就會恢復原來的混亂。平時要有「隨手之勞」的習慣：隨手物歸原位、隨手將掉落在地上的東西撿起來，隨手將不要的東西扔掉，這些小動作會幫助你維持環境的整齊和秩序。

每隔一段時間檢視一下現在的房間跟剛整理好的房間有什麼不同，把混亂的地方再做整理，很快的你就能維持良好的習慣，不再花時間找東西啦！

2 選項B多──逃避型

你比較不喜歡受到約束，常常會找藉口避開自己不喜歡的事情，像是整理東西、物歸原位的規則，讓你感到不耐煩，不想遵守，經常因此跟父母、師長產生摩擦。

◆你的解決方案：立刻去做，從最簡單的開始

如果你是屬於逃避型的人，要你整理收納物品，你可能會覺得很麻煩，想逃走。這時，你可以根據下頁這張表格，先填上你認為自己最需要整理的三個地方，例如：書桌、床鋪、書包。接著，想一想，如果這些地方整理乾淨，會有什麼好處？然後診斷你的這幾個地方，並且給予改善的方法。

我的環境診斷表

需要整理的地方	整理的好處	改善的方法
書桌	① 寫功課比較輕鬆 ② 找文具比較方便	① 把文具分類收到抽屜裡 ② 把書整齊疊好
床鋪	① 睡覺時比較舒服	① 把棉被折好 ② 床上的玩具放回櫃子上
書包	① 可以馬上找到東西 ② 要帶的東西不會漏掉	① 把書包裡的垃圾拿出來 ② 筆全部收進筆袋裡

填好這張表格之後，你最需要的就是立刻著手整理。整理、收納東西，的確需要一些時間，只要你越早開始進行，做起來越不費力，也耗費較少的時間。從簡單的部分先做起，你會發現整理一點都不困難！每天持續下去，你就能擺脫阿雜人生！

3 選項【多一敷衍型

你覺得事情有做就好了，如果需要整理東西只要往抽屜、櫃子裡塞，外面看起來乾乾淨淨就好。

◆你的解決方案：擬定確實的收納計畫

如果你是屬於敷衍型的人，你需要的是確實的收納計畫，來一次環境大整理。你可以這麼做：

1、**分類物品**：首先，仔細觀察一下你需要整理的書桌、房間，將其中的物品分成「書本」、「文具」、「紙張」、「雜物」、「衣物」等不同類型。

2、**根據分類進行收納**：根據你所建立的分類，將物品收納到書架、抽屜、紙箱，或是收納箱中。收納的目的，就是讓每件物品有「定位」。比方說，你將文具收納進抽屜中，這個抽屜就是文具的「定位」，以後你只要用完文具，一定要放回定位。你可以在每個箱子、抽屜寫上這個「定位」，提醒自己，當你要放文具時，就要放回這個位置，當你要找東西時也可以按圖索驥，非常方便。

3、丟棄不需要的東西：多餘的東西，例如：你覺得很漂亮的蛋糕盒、喝完牛奶以後的玻璃瓶等，往往只是占用了我們生活的空間，請丟棄所有不需要的東西。

如果你實在捨不得丟，也可以統一收在某個箱子中，一段時間之後，再考慮要不要丟。盡量避免讓這些用不到的東西，堆積在你經常使用的空間中。記得，就算放在箱子裡，也要擺放整齊喔！

4 A、B、C都有──問題重重型

你的生活一團糟，掉進了亂七八糟的漩渦裡，日子總是在混亂中度過，每天都像打仗一樣。

◆你的解決方案：擬定急迫清單

如果你是屬於這種混亂級數最高的類別，你最需要的是擬定一份急迫清單，進行搶救混亂大作戰。你可以跟父母一起討論，先找出「最需要管理的」四樣習慣。按照底下的表格作一份「新生活改善表」。你可以每天找一個時間，確實記錄與檢討昨天執行的狀況。你可以找來幾個小印章，完成的部分給自己按一個讚，未達成的部分則要想辦法努力改善。當你連續一週每天都能完成這些事項時，記得給自己一個獎勵，並且重新檢視自己的環境，找出其它需要改善的地方，再繼續進行。

「我的新生活改善表」

時間：102.5.1

目標	完成	未完成	自己的評語
起床後折好棉被	●		好簡單，只花30秒就完成，讚！
30分鐘內出門		●	不小心賴床五分鐘，明天要提早
用完的東西放回定位	●		作勞作時，很容易就拿到膠水與刀片，沒有再一直找東西，樂！
睡覺前確認收好明天要帶的東西		●	作業寫太久，忘記收了，結果作業忘記帶，又請媽媽跑一趟。明天一定要澈底執行！

- 找東西也是一種「時間的小偷」，偷走我們做重要事情的時間。
- 經常花時間在找東西，代表你的生活處於混亂之中。
- 打擊混亂的第一步，就是「立刻去做」。
- 養成物歸原位的習慣，才能長期維持整齊、有秩序的環境。

延展練習

1 在三天之內，重新整理你的書桌或房間。

2 準備文件夾，將不同科目的講義、資料，分門別類整理好，並貼上標籤註明。

3 整理你的書包或是包包，將鑰匙、錢包、手機等重要物品，找到「定位」。出門之前，再檢視一遍。

4 想一想，在平常生活中，還有哪些「時間的小偷」在偷走你的時間？你該怎麼對付它們？

痛點 1

考前我總是很慌亂，
這麼多科目不知道該怎麼準備……

考試科目這麼多，怎樣才能有效又全面的準備？

下週要月考了。
才讀一遍而已。
好緊張怎麼辦？
月考
月考
月考
至少要複習三遍啊……
茵茵你有黑眼圈，
昨晚又熬夜了喔？
熬夜也讀不完啊！
小艾複習得怎麼樣？
呃……
一科都沒讀完……

問問看男生。
秉鈞，你月考準備好了嗎？
每科都看了開頭，
然後就睡著了。
明軒呢？
都準備好啦！
哇，怎麼可能？
怎麼辦到的？
國文天天在講，不用念。
英文ABC我都會，歷史直接放棄。
數學用算的，不用念。
哈哈哈
你根本沒準備嘛！

數學、英文、地理……
要先讀哪個呢？
最難的數學先好了。
……
不，還是最擅長的地理先好了。
……
還是數學先。
哇啊！
怎麼辦？

月考是吧？
先冷靜坐下來。
平常就要做重點整理。
考試前複習重點就好了。
首先，把課本和行事曆拿出來。
哇～～得救了！
好了，別盯著我了，快點去讀書吧！

如果你是他們，你會怎麼做呢？

1 考試前一晚，拚命完成所有的進度。

2 反正再怎麼計畫，一定還是做不到，放棄吧。

3 為了考第一名，要求自己每一科都要複習五遍以上。

4 努力安排考前準備計畫，並請家人或老師提供意見。

眼看著明天就要考試了，還沒念的書那麼多，說不定又得挑燈夜戰了，真讓人緊張不已。

像茵茵雖然事先做了考前準備的規畫，還是念得好辛苦，至於小艾根本沒規畫，難怪考試前夕急得像熱鍋上的螞蟻。

如果你選擇的答案是一，臨時抱佛腳，或許會產生效果，但是考試時，你也可能因為睡眠不足，造成精神不濟，影響了考試成績。

如果你選擇的答案是二，代表你提前放棄了自己，考試的結果當然就不太理想。

如果你選擇的答案是三，你對自己有很高的期許，值得鼓勵，但是進度訂得過於嚴苛，反而會增加執行的難度。

如果你選擇的答案是四，在家人或老師的建議下，會讓你的計畫更完善，只要你確實執行，相信應該會有不錯的成績。

為什麼要做考前準備計畫？

你可能會發現，當考試日期逐漸逼近，每個同學的反應都不太一樣。有人變得好緊張，拚命抱著書苦讀，也有人變得好慌亂，帶著黑眼圈來參加考試，不過，也有人始終很沉著鎮定，考試前一天也沒有熬夜。結果，成績揭曉時，那個看起來最輕鬆的人，居然考得最好。

原因就在於，他做了很完善的考前準備計畫。

考試會為我們帶來很大的壓力，如果事先沒有考前準備計畫，難免會因為壓力的影響，心裡感到又煩又亂。

相反的，預先做好考前計畫，會有以下幾個好處：

- ☑ **可以有效率的運用時間，不見得要花非常多的時間讀書。**
- ☑ **可以掌握進度，不會到了考前還念不完。**
- ☑ **生活作息正常，不必因為要臨時抱佛腳而熬夜苦讀。**
- ☑ **胸有成竹，不會感到焦慮不安。**

如果，你總是為考試成績不理想而苦惱，就一定要學會安排完善的考前準備計畫。那麼，你知道該怎麼做嗎？

CHECK 你有「考前慌亂症」嗎？

	是	否
1. 考試前一晚，我總是得熬夜讀書。	□	□
2. 我平時沒有做讀書計畫的習慣。	□	□
3. 考前才發現要讀的書這麼多，不知道從何做起。	□	□
4. 準備考試時，經常處於「念不完」的壓力下。	□	□
5. 只要到了考試前夕，就會變得焦慮不安。	□	□
6. 考試前，我經常一科沒念完，又開始念另一科。	□	□
7. 考試前，我的書桌上總是雜亂的堆滿了課本和參考書。	□	□
8. 雖會規畫考前讀書計畫，最後總會發現自己做不到。	□	□

以上八個問題，如果你的答案中，「是」占了四個以上，代表你不擅於做考前讀書計畫，考前準備沒有方法，結果為自己帶來很大的壓力。

三步驟，「考前恐慌症」BYE BYE

如果你想趕走「考前恐慌症」，請根據以下三個步驟，按部就班地規畫你的考前讀書計畫：

1 建立明確的目標

不管做任何計畫，第一步必定是從建立目標開始，而且必須是明確、具體的目標。舉例來說，如果你的目標是「希望這次考試，成績會比上次進步」，或許可以調整為「希望英文能比上次進步十分」，或是「希望每一科的分數，都能超過上一次的成績」。

目標的設定是否明確，會影響計畫是否有效，所以一定要建立清楚、具體的目標。

2 寫出為了達成目標所應該做的準備

想一想，如果要達到你的目標，你該怎麼做？如果你上次英文成績不太理想，問題出在哪裡？是單字背得不夠多？還是文法不夠熟？這次你應該補強那一個部分？

如果你希望每一科成績都能超越上一次，你要該做些什麼事？比方說，課本要多讀幾次？或是多做幾次參考書練習？

請你把為了達成目標所必須做的事，全部寫下來。

接著，建立你的考前準備實踐表，並設定優先順序，如下表。

考前準備實踐表

優先順序	我的目標	考前準備事項	確認
第一位	數學進步 15 分	完成數學練習題（共三次）	✔
第二位	英文進步 10 分	複習英文文法講義（共四次）	✔
第三位	國文進步 10 分	讀國文課本、參考書（共四次）	
第四位	英文單字要全對	熟背英文單字（共五次）	
⋮	⋮	⋮	
⋮	⋮	⋮	

3 決定時間的分配：設立考前三週讀書計畫

考前的慌亂主要來自於要考的科目很多，範圍又很大。除了針對我們想要達成的目標進行加重訓練之外，其他的科目也要兼顧，如果你能好好安排時間，就能降低壓力，減少慌亂。以一次段考的準備為例，你得建立自己的考前三週讀書計畫。

為什麼要從考前三週開始準備起？所有的課業，如果你能從每日的學習與複習中逐漸累積，那麼你需要用來準備考試的時間，就會大大的降低。考前三週的讀書計畫，其實就是一個複習的過程，透過三週的累積，到考試前你應該就已能完整的

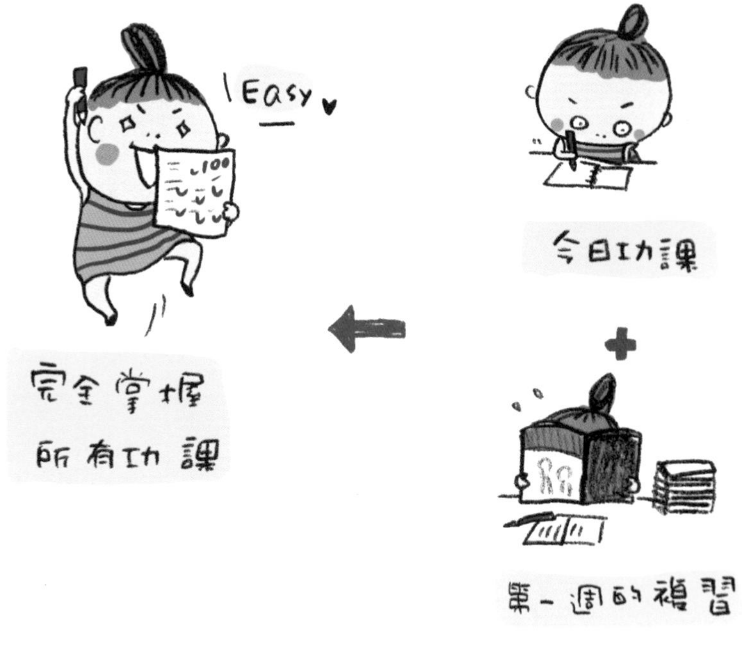

掌握考試的內容。

建立三週讀書計畫時，你可以掌握幾個原則：

◆**最弱科目分配多一點時間**：你可以根據前面所設定的目標分配時間來安排，最弱的科目，例如：你的數學最差，那你要每天都安排一個時間來算數學。重點科目，例如：國、英、數，也要分配多一點的時間。

◆**根據課表安排進度**：究竟要安排哪一科？你可以搭配課表來決定，例如：週一有英文與國文課，而晚上你只有兩個小時可以利用，你就可以這樣安排。三十分鐘複習今天英文與國文上的新進度。接下來一個小時複習舊的內容，例如：二十五分鐘，背誦英文單字、閱讀英文文法講義。二十五分鐘，複習國文一～二課。最後的二十分鐘算數學講義。

◆**保留空白時間**：每週要留下一段空白的時間，例如週六或週日的時間，用來讀完之前沒有讀完的進度。切記，如果當天沒有讀完，請記下進度即可，但不要延至隔天，否則你的整體進度就會不斷拖延，你也會落入不斷修改計畫的惡性循環中。

考前三週讀書計畫

考前三周 日期／時間	一	二	三	四	五	六	日
19:00～20:00	做功課	做功課				空	空
20:00～21:30	今日國文	今日英文	……	……		白	白
21:30～22:00	第一週國文	第一週英文	……	……		時	時
22:00～22:30	數學	數學				間	間
考前二周 日期／時間	一	二	三	四	五	六	日
考前一周 日期／時間	一	二	三	四	五	六	日

電學之父法拉第說：「上課最重要的就是做筆記。」這裡指的筆記不是抄老師的講義，而是做自己的筆記。意思是，如果你上課專心，能融會貫通，那麼你就能完全的吸收知識，不用再花很多的時間去另外準備功課了。

- 缺乏考前準備計畫，是造成「考前恐慌症」的主要原因之一。
- 事先做好考前準備計畫，可以有效率的運用時間，考前也不必熬夜苦讀。
- 安排每天的讀書進度時，最好是在能力範圍內，又能帶給自己一些壓力。
- 規畫考前準備計畫時，要從考前三週開始，搭配課表一起安排，效果更佳。

延展練習

1

想想看，日常生活中，有哪些零碎時間可以用來分擔簡單的功課？

2

準備一本重點筆記本，將每一堂課你在課堂上聽到的重點記錄下來，回家後謄寫到該科目的筆記本上。

3

想想看，除了讀書之外，你還可以為自己生活中的哪些事進行事先的規畫？（提示：旅行、社團活動）

4

列出生活中這三個月內你最想達成的三個目標。

好用小工具

考前準備實踐表

優先順序	我的目標	考前準備事項	確認

考前三週計畫表

考前三週 日期／時間	一	二	三	四	五	六	日

考前二週 日期／時間	一	二	三	四	五	六	日

考前一週 日期／時間	一	二	三	四	五	六	日

痛點 8

我很認真做了規畫，
但總是沒有辦法好好執行……

為什麼計畫老是在變化？要怎樣才能有效執行？

!! YA
考完了！
今天約了宜潔姊姊來教我們時間規畫，
趁考完開個檢討會。
咦？不是慶功宴嗎？
下次月考就不會慌慌張張了，對吧？小艾。
上次請大家做的複習時間表，
有帶來嗎？
恩，這張時間表真的很重要。

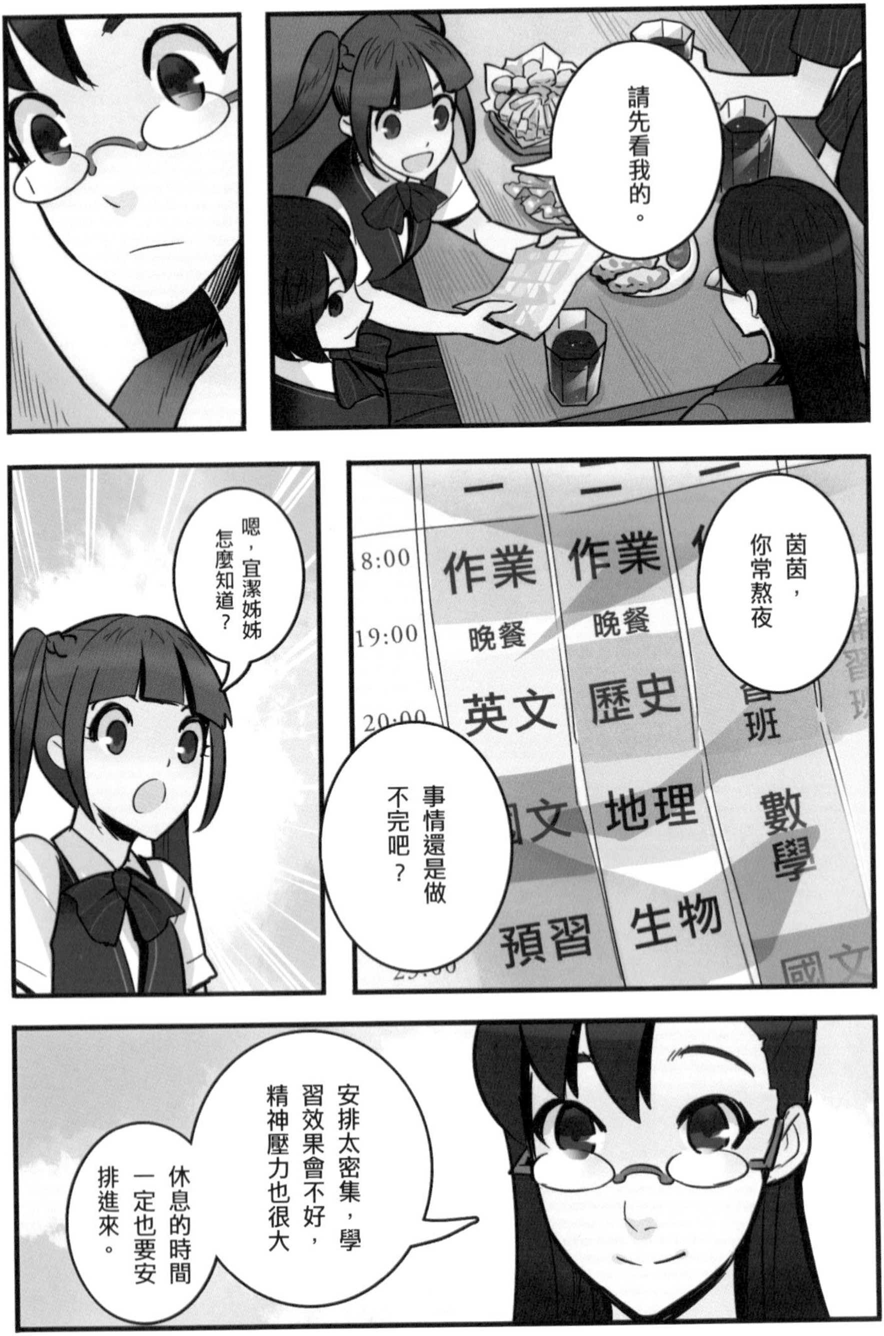
請先看我的。
茵茵，你常熬夜
事情還是做不完吧？
嗯，宜潔姊姊怎麼知道？
18:00
19:00
作業
作業
晚餐
晚餐
英文
歷史
地理
數學
預習
生物
安排太密集，學習效果會不好，精神壓力也很大
休息的時間一定也要安排進來。

這是我的。
秉鈞有安排休息，
但交錯在一起，學習會被打斷喔。
玩了遊戲就不會想繼續讀書了吧？
明軒的計畫表
明軒你……
很規律吧！
多安排些學習的時段吧。

小艾你呢？
咻
咻
修改好多次，
最新版是哪一張……
依情況調整是很好，
最重要的是確實執行啊！
希望大家學會好好利用時間，
今天我請客吧！
謝謝姊姊！
好耶！！
啪
啪

THINK

如果你是他們，你會怎麼做呢？

1 一定是計畫做得不夠好，決定再花點時間來規畫。

2 嚴格要求自己一定要照著計畫進行，絕對不能再發生失誤。

3 既然計畫無效，還是考前再抱佛腳好了。

4 記錄自己一天的作息，持續一個星期，找出無法執行計畫的原因。

就算是做了最完善的計畫，如果你無法要求自己確實執行，結果還是一樣，該讀的書沒讀完，該做的事沒做完，而且還花了很多時間在不重要的事情上。有時候，則是計畫趕不上變化，明明今天晚上安排了進度要念，因為其他的事耽擱了，整個計畫都亂掉了。像茵茵和小艾經過上次經驗，這次都認真的做了考前準備計畫，可是，結果似乎都不如預期。

如果你選擇的答案是一，代表你的計畫或許需要調整，除了自己檢討，最好也能請師長、家人幫你看看。

如果你選擇的答案是二，養成自律，要求自己確實執行，是正確的決定，但是若是計畫定得過太嚴苛，勉強自己做到，可能帶來很大的壓力。

如果你選擇的答案是三，在缺乏事先計畫的狀況下，還是很容易發生書念不完，造成成績不佳的結果。

如果你選擇的答案是四，檢視過自己運用時間的方式，了解自己在哪些不必要的地方浪費了時間，做事的效率提高了，自然就能夠按照進度，完成你的考前準備計畫。

為什麼總是無法按照進度執行計畫？

你可能也有類似的經驗：剛開始做計畫時，對於每天應該完成哪些進度，自信滿滿，可是，進行到一個階段，就發現很多進度無法按照計畫如期完成，最後只好半途而廢。

為什麼做了計畫，最後卻無法完成呢？可能有以下幾個原因：

◆計畫太困難

為了要準備充裕，結果替自己安排了太困難的計畫，比方說，要在一小時內做完三十題數學題，超過了自己的能力範圍，當然最後就無法完成計畫。

◆花了太多時間在修改計畫

因為生活中經常有計畫趕不上變化的突發狀況，或者你因為計畫太困難了，導致無法施行，卻又希望可以認真的規畫執行，於是你就會不停的在重新修改計畫，造成有計畫卻總是在變化的窘境。

◆對計畫執行沒有信心

就像很多人經常立志要減肥，但要明顯瘦下來卻不是一兩天可以達成，很多人在短時間內沒有看到立即的成效，就會對自己的計畫沒有信心，然後放棄計畫，課業也是一樣，如果一兩次考試沒有明顯的改變，你就會對執行計畫失去信心，進而自暴自棄。

◆被「時間的小偷」偷走了時間

原本是一個小時該讀完的英文文法，因為你不夠專心，才讀了十分鐘，就開始上網，或是看起漫畫書，拖了兩個小時才讀完，造成後面的進度無法完成。

◆不懂得利用零碎時間

生活中，其實有很多零碎的時間，可能是五分鐘、十分鐘，看起來不多，加起來其實很可觀。有效利用零碎時間，可以提升讀書、做事的效率，有助於如期完成進度。

CHECK 你的計畫執行指數有多高？

	是	否
1. 事前計畫時，我習慣將事情排得很滿。	□	□
2. 我必須要坐在書桌前，才能開始專心讀書。	□	□
3. 我經常覺得「計畫趕不上變化」。	□	□
4. 雖然做了事前計畫，因為沒辦法做到，只好一直修改。	□	□
5. 為了完成計畫中的進度，我經常感到筋疲力竭。	□	□
6. 每天的時間被切割得很零碎，根本無法按照計畫讀書。	□	□
7. 雖然做了事前計畫，我還是會被其他的瑣事纏身。	□	□
8. 雖然做了事前計畫，但是到了考試前，我還是得熬夜讀書。	□	□

以上八個問題，如果你的答案中，「是」占了四個以上，代表你即使做了事前計畫，卻無法確實執行，最後還是陷入與時間賽跑的煩惱中。

三步驟，提升計畫執行力

檢視，是時間管理中很重要的一個步驟，當你發現你老是無法完成計畫時，你應該依照以下幾個步驟，讓自己確實檢視計畫，找出問題點，重新安排與執行。

1 重新檢視你的計畫

當你老是無法按時完成計畫時，首先你應該要先檢視一下，我是否安排了不合理的進度？例如，背完一課的英文單字，你需要花一個小時，但為了在一天中排進更多的進度，你硬是只安排了半個小時，如此一來，當然無法完成，只好不斷的改變計畫，還為自己帶來太大的焦慮感。所以請記得，有多少時間做多少事情，不要為了安排很多進度，而讓計畫無法實現。

另外，在執行計畫時，難免有突發狀況，造成無法如期完成，所以你在一週之中，至少留下一到兩個彈性時段，用來彌補之前沒做完的進度。

2 建立「一週作息檢視表」

當你的時間安排合理，卻仍然沒有辦法如期完成，這時你可以利用「一週作息檢視表」，以半個小時為單位，將你從起床到睡覺之間的作息記錄下來，持續進行七天，檢視自己運用時間的方式。找出妨礙計畫進行的原因，最後再重新安排一次你的計畫。

一週作息檢視表

時間	星期一	星期二	星期三	星期四	星期五	星期六	星期日
6：00							
6：30							
7：00							
7：30							
8：00							
8：30							
9：00							
……							
等等							

透過「一週作息檢視表」，你可以了解自己都把時間花在哪些事情上了，哪些時間是被「時間的小偷」偷走，又有哪些零碎時間可以利用，再重新調整一次你的計畫。

3

運用「成功日記檢視法」

檢視可以幫助我們找出問題的癥結點，正面的檢視，則會讓我們提高自己的信心。所謂的成功日記就是一種正面的檢視。請你準備一本筆記本，每天利用早上三分鐘的時間，例如：到學校開始早自習的前三分鐘，靜靜的回想，條列出五點你覺得昨天做得很棒的事，不限功課上的事情，只要是能讓你覺得很棒的事，都可以記錄下來。例如：

1. 和喜歡的同學講了五分鐘的話。

2. 幫媽媽做家事，被爸爸稱讚。

3. 規畫的讀書進度都有完成。

4. 國文小考進步五分。

5. 在公車上讓座給一個老婆婆。

也許你覺得這些日常中的事情看起來平凡無奇，或是每一天好像都不知道在幹嘛。透過每天持續的書寫成功日記，一天只要三分鐘的時間，慢慢累積下來，你會發現你的生活其實非常精采而豐富，也會發現每天完成的事情超乎你想像的多。如果你願意，也可以在每一天的成功日記為自己寫一句「正面積極的鼓勵話語」。

每天寫成功日記，可以幫助你累積對執行計畫的信心。要記得，許多的成績都是靠著小小的努力不斷累積而來的，就算短時間內看不到成果，你也可以透過前面的方法，檢視↓規畫↓再度行動，然後充滿動力的去執行每一天的計畫！

開始行動
安排時間
計劃表
檢視

- 透過「一週作息檢視表」，有助於了解自己運用時間的狀況。
- 有效的利用零碎時間，可以提升讀書、做事的效率，有助於如期完成進度。
- 每一週至少留下一到兩個彈性時段，彌補之前沒做完的進度。
- 每天早上利用三分鐘撰寫成功日記，能讓自己更加快樂自信的面對每一天。

延展練習

1

找出你每天的零碎時間，在這些零碎時間內，你該做什麼？

2

想一想，除了「分心」和「混亂」，還有什麼事會影響你的時間運用？

3

建立「一日生活計畫表」，執行之後，寫下心得。

4

上網搜集讀書高手的資料，了解他們平時如何讀書、準備考試，並寫下心得。

第3章

情境習作

如同我們在觀念篇所提到的，時間管理不是要用計畫填滿你所有的時間，相反的，是希望讓你更有效率的執行你該做的事情，然後空出時間，讓你做自己想做的事。

前面學到了這麼多的管理方法，現在要請你運用前面的方法，把你生活中想做的事、課業上必須要做的事進行整合，然後澈底執行，你會發現課業與生活兼顧的快樂生活，一點都不難喔！

1

三個月內在課業與生活方面你有什麼想要達成的事情嗎?請分別寫出三件並且寫出明確的目標和達成時間。例如:

課業:我的目標

達成時間	事件
3月15日	完成班級壁報比賽作品
⋮	⋮
⋮	⋮

生活:我的目標

達成時間	事件
3月30日	全國演講比賽前三名
⋮	⋮
⋮	⋮

2

請想一想，達成每一件事情的方式與可能會需要的時間，以及你需要的行動，依照優先順序寫下來。例如：

行動名稱：演講比賽

目標：前三名

所需時間：每天練習半小時，持續到比賽前，共30天。

行動清單：

☐和老師一起擬定演講稿

☐背誦演講稿

☐上網研究名人的演講方式

☐在鏡子前練習，至少10次

☐請老師調整姿勢

3

當你把每一件事情所需的行動列好之後，請利用倒算表，規畫完成這件事情所需要的時間安排。從什麼時間開始，和什麼人做什麼事情都要寫下來。例如：

開始時間	日期	時間	所需時間	事項
倒算行動表	週二	16:00～16:30	30分鐘	和老師擬定講稿
	⋮	⋮	⋮	⋮
	⋮	⋮	⋮	⋮
截止時間	下週一	16：00		交稿

4

將第三步驟的時間安排，分別填進你的一週作息表、一個月作息表中。然後按照計畫開始執行。

一週作息表

日期	3/1	3/2	3/3	3/4	3/5	3/6	3/7
星期／時間	一	二	三	四	五	六	日
8：00—9：00							
9：00—10：00							
10：00—11：00							
11：00—12：00							
12：00—13：00							
13：00—14：00							
14：00—15：00							
15：00—16：00							
16：00—17：00	和老師一起討論演講稿						

5 從現在開始，撰寫我的成功小日記。

你可以找一本筆記本，利用每天早上三分鐘，把五件昨天覺得很棒的事情記錄下來。你也可以利用電腦的程式，寫在 WORD 或者 EXCEL 中，使用電腦的好處是可以幫助你日後搜尋。但不管你用什麼方式，重點要持續不斷的寫，一個星期後檢視自己這星期的成功日記，你會發現好有成就感喔！

1.

2.

3.

4.

5.

13 歲就開始❶

給中學生的時間管理術

一輩子都要擁有的時間掌握力，現在開始學習！

作　　者｜謝其濬
繪　　者｜YINYIN
插　　畫｜水腦
協力指導｜iVicon 隱陸達通國際教育事業

責任編輯｜張玉蓉
特約編輯｜游嘉惠
封面設計｜陳宛昀
行銷企劃｜王予農、林思妤

天下雜誌群創辦人｜殷允芃
董事長兼執行長｜何琦瑜
媒體暨產品事業群
總 經 理｜游玉雪　副總經理｜林彥傑
總 編 輯｜林欣靜　行銷總監｜林育菁
主　　編｜楊琇珊　版權主任｜何晨瑋、黃微真

出版者｜親子天下股份有限公司
地址｜台北市 104 建國北路一段 96 號 4 樓
電話｜（02）2509-2800　傳真｜（02）2509-2462
網址｜www.parenting.com.tw
讀者服務專線｜（02）2662-0332　週一～週五：09:00~17:30
讀者服務傳真｜（02）2662-6048
客服信箱｜parenting@cw.com.tw
法律顧問｜台英國際商務法律事務所・羅明通律師
製版印刷｜中原造像股份有限公司
總經銷｜大和圖書有限公司　電話：（02）8990-2588

出版日期｜2013 年 5 月第一版第一次印行
2022 年 8 月第二版第一次印行
2024 年 3 月第二版第六次印行
定　　價｜380 元
書　　號｜BKKKC206P
I S B N｜978-626-305-249-9（平裝）

訂購服務
親子天下 Shopping｜shopping.parenting.com.tw
海外·大量訂購｜parenting@cw.com.tw
書香花園｜台北市建國北路二段 6 巷 11 號　電話（02）2506-1635
劃撥帳號｜50331356　親子天下股份有限公司

國家圖書館出版品預行編目(CIP)資料

給中學生的時間管理術：一輩子都要擁有的時間掌握力，現在開始學習！/ 謝其濬文；YINYIN 漫畫. -- 第二版. -- 臺北市：親子天下股份有限公司, 2022.08
192 面；14.8x21 公分. -- (13 歲就開始；1)
ISBN 978-626-305-249-9(平裝)

1.CST: 中學生 2.CST: 時間管理 3.CST: 生活指導

524.7　　111008185